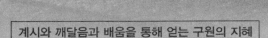

계시와 깨달음과 배움을 통해 얻는 구원의 지혜

다시
보면
새로운
세상

손법상

박문사

머리말

보이지 않는 눈으로 보이는 글을 씁니다.
다시 보면 새로운 세상입니다.
한 번 더 보면 영원한 세상입니다.

성령 안에서
오로지 한 마음과 온 몸으로 기도하면

진짜 내가 보이고

내 존재가 보이고
내 관계가 보이고
내 행위가 보이고

영생의 길이 보입니다.

무릇 지켜야 할 모든 것 가운데 당신의 마음을 더욱 더 잘 지키십시오.

살아 있는 동안 생기는 모든 일이 바로 그 마음에서 시작합니다.(잠4:23)

주 안에서 항상 기뻐하라 내가 다시 말하노니 기뻐하라 너희 관용을 모든 사람에게 알게 하라 주께서 가까우시니라. 아무 것도 염려하지 말고 다만 모든 일에 기도와 간구로, 너희 구할 것을 감사함으로 하나님께 아뢰라 그리하면 모든 지각에 뛰어난 하나님의 평강이 그리스도 예수 안에서 너희 마음과 생각을 지키시리라.(빌립보서4:4-7)

사는 날 동안 그래, 괜찮아! 하는 마음으로 행복과 영생을 누리며 삽시다.

손 법 상 목사

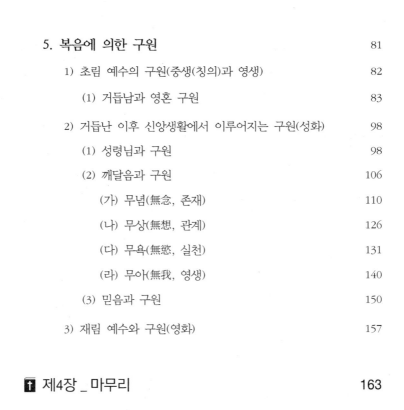

사생구원

무생무사(無生無死)

일생이사(一生二死)

이생일사(二生一死)

삼생불사(三生不死)

창조세계 관조

만물색공(萬物色空)

색공윤회(色空輪廻)

시류허허(時流虛虛)

무극영원(無極永遠)

영생

무념무상(無念無想)

무욕무아(無慾無我)

무각해탈(無覺解脫)

무합영생(無合永生)

사생구원

태어남이 없으면 죽음도 없다.
한 번 태어나면 두 번 죽고(육체와 영혼)
두 번 태어나면 한 번 죽고(육체)
세 번 태어나면 영생 한다.

창조세계 관조

자연 모든 만물은 눈에 보이는 것과
눈에 보이지 않는 것으로 되어 있으며
그 모든 만물은 모양과 형태를 바꾸어 가며
창조된 이 우주 안에 존재한다.

창조된 세계 속에
존재하는 모든 것들은
보이는 것이나 보이지 않는 것이나
시간의 흐름에 따라 에너지가 사라지면 비고 또 비어 텅 비
게 된다.
창조된 세계 안에 피조물은 영원한 것이 없고
오직 하나님과 하나님의 세계만 영원하다.

영생

창조주 하나님 안에 참된 내 존재가 있음을 알고 감사하는 것
하나님과의 관계와 이웃과 모든 만물과의 관계를 소중히 하
는 것

있는 것에 감사하며 더 가진 것은 베풀고 나누며 사는 것
영생하시는 하나님 안에 있는 나를 아는 것이
윤회의 고통과 번뇌에서 벗어나는 해탈의 깨달음이다.

창조주 하나님을 알고 예수님 안에서 살고
진리 안에서 하나님과 하나가 되라.
영원하신 하나님의 생명 안에서 사는 것이 영생이다.

다시
보면

새로운
세상

계시와 깨달음과 배움을 통해 얻는 구원의 지혜

■ 제1장 종교와 기독교

과학은 사물의 이치를 탐구하고 그 안에 존재하는 법칙을 발견하고 그 법칙을 이용하여 인간의 삶을 좀 더 안전하고 편리하게 만드는 것을 추구합니다. 과학의 발달은 사람들의 삶의 질을 더 좋게 합니다. 그러나 과학은 그 학문적인 특성상 인간의 죽음 이후의 문제를 다루지는 않습니다.

철학은 사물보다는 인간의 존재에 집중합니다. 철학을 다른 말로는 인문학이라고 하는데 인문학은 인간의 삶과 죽음을 다루며 웰빙과 웰다잉의 문제에 대한 해답을 추구합니다.

웰빙이 무엇입니까? 존재 그 자체를 있는 그대로 받아들이고 존재하는 그 자체로서의 행복한 상태가 웰빙입니다. 어떻게 살아야 행복한 것이냐 하는 문제가 웰빙의 문제입니다. 웰다잉은 어떠한 죽음이 아름다운 죽음이냐 하는 것입니다. 웰빙과 웰다잉의 문제에 대한 해답을 추구하는 것이 철학입니다.

종교는 무엇입니까? 이 세상이 시작된 근본에서부터 이 세상의 종말과 완성을 가르쳐 주는 것이 종교입니다. 또한 사람들이 이 세상에서 살아가는 동안 인간들이 당하는 모든 물리적이고 정신적인 고통과 자주와 죽음에서 벗어나는 길을 가르쳐 주는 것이 종교입니다. 종교는 인간의 삶과 죽음 이후뿐만이 아니라 세상에 존재하는 모든 것들의 종말과 완성에 관한 문제까지 다루고 있습니다.

각각 그 나름대로의 행복과 구원의 길을 가르쳐주는 세상에 존재하는 그 많은 종교들 가운데 기독교는 창조주이신 하나님을 인정하지 않는 다른 종교들과는 달리 창조주이신 하나님을 인정하고 하나님과의 관계에서 그 모든 문제들에 대한 해답을 추구하는 종교입니다.

1. 삼위일체 하나님

기독교는 삼위일체이신 하나님을 믿는 종교입니다. 기독교는 유일신을 주장하는 유대교나 이슬람교와는 달리 삼위일체이신 하나님을 창조주이시고 전능자이시며 영원히 살아계신 하나님으로 믿습니다.

하나님은 창조주이시며 영원히 현존하시는 분이시고 전능하신 분이십니다. 천사나 인간을 비롯해 하나님에 의해 창조된 모든 피조물의 한계를 초월하시는 참되고 유일하신 신이십니다.

하나님은 삼위일체로 자신을 계시하셨습니다. 삼위일체는 내적인 면에서 그 신적인 본질(창조성, 영원성, 전능성)에서 완전히 일치하시면서 외부로 자신을 계시하시는 인격성(지성, 감정, 의지)에서는 성부 하나님과 성자 하나님 그리고 성령 하나님의 모습으로 나타내신다는 의미입니다.

삼위에서의 삼은 셋이라는 뜻입니다. 위는 서로에게 종속되지 않으면서 동등하신 위치에서의 존재이심을 의미합니다. 일체라는 말은 하나님 안에서 서로 섞어지거나 나누어지지 않는 신적 본질과 사랑 안에서 온전히 하나 됨을 의미합니다. 하나님은 사랑이십니다.

1) 성부 하나님

성부 하나님은 창조주 하나님이십니다. 모든 만물을 창조하시면서 그 모든 것들을 시작하게 하시고 경영하시는 아버지의 모습으로 자신을 드러내셨습니다. 하나님이 아버지라는 의미는 성부 하나님이 모든 존재의 근원이라는 뜻입니다.

2) 성자 예수님

성자 예수님은 구세주이십니다. 성부 하나님은 예수라는 한 인격 안에서 참 하나님이시며 참 인간의 모습으로 우리에게 자신을 계시하셨습니다.

예수님은 우리에게 오셔서 우리를 삶의 모든 문제와 죄의 저주와 죽음에서 구원하시는 하나님으로 자신을 보여주셨습니다. 예수님은 부활 승천하신 후에 영원한 구원을 위해 다시 오실 것을 약속하셨습니다.

예수님 안에서 이루어진 성부 하나님과 또 성령 하나님과의 신적 본질에서의 완전한 일치와 또 성자이신 예수님이 우리와 같은 완전한 인간의 모습을 보여주신 것은 하나님의 신비입니다.

하나님은 오직 예수님만을 통해 사람들에게 인간으로 오신 하나님의 모습을 온전히 나타내셨기 때문에 우리는 예수님을 하나님의 독생자인 하나님의 아들로 고백합니다.(요1:18, 14:9)

독생자라는 의미는 하나님께서 사람들 가운데 나타나실 때 오직 예수님을 통해서만 하나님이 온전하신 모습으로 나타나셨다는 의미입니다. 하나님께서는 천사들을 통해서도 나타나셨지만 온전하신 하나님의 모습은 오직 예수님만을 통해 드러내셨습니다.

그래서 우리는 예수님을 통해 영원하시며 전능하신 하나님을 구원자로 만납니다. 예수님은 하나님이시며 하나님의 아들입니다. 예수님은 피조물이 아닙니다. 그분은 창조주이십니다.(사9:6, 롬9:5, 요1:1-3, 골1:15-17 히1:1-3 등)

> "그는 보이지 아니하는 하나님의 형상이시요 모든 피조물보다 먼저 나신이시니 만물이 그에게서 창조되되 하늘과 땅에서 보이는 것들과 보이지 않는 것들과 혹은 왕권들이나 주권들이나 통치자들이나 권세들이나 만물이 다 그로 말미암고 그를 위하여 창조되었고 또한 그가 만물보다 먼저 계시고 만물이 그 안에 함께 섰느니라"(골1:15-17)

하나님은 우리와 멀리 떨어져 계신 분이 아닙니다. 예수님을 통해 보여주신 하나님은 늘 우리 곁에 계신 하나님이십니다.

3) 성령 하나님

성령 하나님은 성부 하나님과 성자 하나님의 본체이신 하나님 자신이십니다. 성령 하나님은 성부 하나님과 성자 하나님의 영이십니다. 성령 하나님은 창조 이전부터 계신 분이고(창1:1-2) 예수님을 대신하는 또 다른 보혜사로 역사하시며(요14:16) 예수님이 부활 승천하신 후에 오순절에 강림하셔서 오늘날에도 교회의 영으로 역사하십니다.(행2:1-3) 그리고 영원한 천국까지 우리와 동행하실 영원히 살아 계신 하나님의 영이십니다.

창세기 1장 2절을 보면 창세 때 성령님은 물위에 계셨습니다. 물이 있는 곳에는 생명이 있습니다. 성령님은 모든 피조물들의 생명을 살리시는 하나님의 영입니다.

계시록 4장에는 하나님의 영이신 성령께서 일곱 등불의 모습으로 일곱 영의 역사를 이루시며 유리 바다 앞에 계십니다. 등불은 빛이고 지혜입니다. 그러므로 성령 받은 사람들의 미래에는 하나님의 지혜가 있습니다.

또 하나님께서 둘째 날 궁창을 만드실 때 궁창 위의 물과 궁창 아래의 물로 나누셨는데 궁창 위의 물은 사람들에게 생기를 주는 물입니다. 그러므로 성령을 받은 사람들은 그 가슴에 생기가 가득합니다. 궁창 아래의 물은 모든 생물들을 살리는 힘의 원천입니다. 그러므로 성령을 받은 사람들에게는 그 몸에 힘이 넘쳐납니다.

성령님의 역사는 하나님의 형상대로 지음 받은 사람들에게 머리에는 지혜를, 가슴에는 생기를, 그 몸에는 힘과 능력을 주십니다. 성령님은 살리시는 영이며 모든 만물을 이루시는 하나님의 지혜와 힘의 원천입니다.

삼위일체이신 하나님은 창조 이전인 영원 전부터 스스로 존재하셨고 처음 창조로 시작된 세상 모든 만물이 예수님의 재림 이후에 이루어질 마지막 심판과 구원 이후에 새롭게 창조되어 다시 시작되는 영원 후까지 하나님으로 존재하십니다.

하나님은 창조하시고 구원하시며 언제나 우리와 함께 하시고 우리를 도우시며 우리를 이끌어 예수님의 재림 이후에 이루어지는 영원한 천국의 주인공이 되게 하십니다.

이단들은 하나님이 삼위일체 하나님이심을 부정합니다. 창조주이신 성부 하나님만 여호와라는 이름으로 자신을 계시하신 유일하신 하나님이라고 합니다.

그들은 성자 하나님이신 예수님은 피조물이라고 주장 합니다. 그들은 예수님은 성령으로 태어나신 분이 아니라 한 인간인데 세례 요한에 의해 세례를 받으실 때 성령을 받아 신적인 존재인 그리스도가 되었다고 주장 합니다.(참조 마3:16)

또 이단들은 성령님을 하나님이 아닌 하나님의 능력이나 권능을 행하는 힘으로 이해하고 있고, 성령이라는 용어를 한자어의 풀이로 그저 거룩한 영의 집합체를 뜻하는 것으로 풀이합니다. 그래서 이단들은 성령은 거룩한 영인 천사들이고 악령은 마귀나 귀신들이라고 풀이합니다.

이렇게 해석하는 가장 큰 이유 중 첫째는 성경을 바로 알지 못하기 때문이고, 둘째는 그들의 교주를 거룩한 영들인 천사들 가운데 가장 큰 영인 성령을 받은 이 시대의 구세주로 내세우기 위함입니다.

모든 이단들의 공통점 가운데 하나는 교회들을 통한 보편적 구원이 아닌 자신들 만의 구원의 독점을 강조하는 것입니다. 그들이 주장하는 가장 중요한 원리 가운데 하나가 하나님의 영이신 성령을 피조물로 인정하고 그 성령을 자신들이 독점하는 것입니다.

그래서 그들은 오순절 성령과 보혜사 성령을 구별하고 오순절 성령은 오순절에 임하여 초대 교회에 역사한 성령이고 보혜사 성령은 추수 때인 지금 이때에 오직 그들 교주에게만 임하여 역사하는 이 시대의 성령이라고 주장 합니다.

그러나 창조주 하나님 안에서 역사하시는 성령이나 예수님 안에서 역사하시는 성령, 그리고 오순절 성령과 보혜사 성령은 다 같은 하나님이신 성령이십니다. 성령님은 어느 특정한 사람이나 집단에 의해 독점되는 분이 아닙니다.

성령님은 우리 모두의 하나님이시며 하나님의 영이십니다.

2. 성경과 설교

1) 성경

기독교는 성경을 유일한 경전으로 인정합니다. 기독교는 하나님의 경륜과 지혜와 계시와 감동에 의해 쓰여 진 성경의 가르침이 이 세상의 그 어떤 종교나 철학이나 과학의 가르침과 비교할 수 없는 가장 참되고 영원한 구원의 진리인 것을 믿습니다.

하나님의 경륜은 창조이전부터 계획하시고 창조된 모든 만물 가운데 운행하시는 하나님의 역사와 섭리입니다.

하나님의 지혜는 모든 피조물들은 다 알 수 없는 오묘하고 신비한 하나님의 마음 안에 담긴 것입니다. 하나님의 마음 안에는 영원 전부터 영원 후까지의 모든 만물을 주관하시는 하나님의 지혜의 모든 것들이 다 있습니다.

하나님은 당신이 하나님 되심과 창조주이신 당신의 모든 뜻을 창조하신 모든 피조물들과 특별 계시로 주신 성경을 통해 계시하셨습니다. 계시라는 말은 감추어졌던 것들을 드러내셨다는 뜻입니다.

"예수 그리스도의 계시라 이는 하나님이 그에게 주사 반드시 속히
일어날 일들을 그 종들에게 보이시려고 그의 천사를 그 종 요한에게
보내어 알게 하신 것이라"(계1:1)

감동은 하나님께서 사람들의 마음속에 역사하셔서 하나님의
뜻을 깨닫게 하시고 육신의 눈으로는 볼 수 없는 새로운 것들
을 보게 하시는 특별한 은혜입니다.

성경은 하나님께 감동을 받은 사람들에 의해 쓰여 진 거룩한
책입니다. 성경은 그 말씀 자체가 하나님의 영이 역사하는 살아
있는 말씀입니다. 하나님의 영은 말씀 안에서 역사하십니다.

성경은 전체가 66권인데 구약 39권, 신약 27권으로 되어 있
습니다. 구약은 다섯 권의 율법서와 열두 권의 역사서 그리고
다섯 권의 시가서와 열일곱 권의 예언서로 되어 있습니다.

율법서는 세계 모든 만물의 기원에서부터 성도들이 살아가야
할 삶의 도리를 담고 있습니다. 열두 권의 역사서는 이스라엘

역사와 그 안에서 역사하신 하나님의 말씀들이 기록되어 있으며, 다섯 권의 시가서는 하나님이 함께 하시는 사람들의 지혜와 기도와 사랑에 대한 내용들이 있습니다. 그리고 열일곱 권의 예언서는 시대와 역사 속에 하나님의 말씀을 받아 전한 예언자들의 대언의 말씀들이 있습니다.

신약은 네 권의 복음서와 한 권의 역사서 그리고 스물두 권의 바울 사도와 베드로 사도 등이 교회들에게 보낸 서신서와 요한 사도가 종말에 대한 계시의 내용을 전한 한 권의 예언서로 되어 있습니다.

네 권의 복음서에는 예수 그리스도의 생애와 교훈 십자가의 죽음과 부활 승천의 내용이 담겨 있습니다. 한권의 역사서인 사도행전에는 교회의 설립과 복음 선교의 과정이 담겨 있으며, 스물두 권의 서신서에는 교회와 신앙생활의 지침이 담겨 있습니다. 그리고 한권의 예언서인 요한계시록에는 세상 종말과 새로운 창조에 의한 구원의 완성에 대한 내용이 담겨 있습니다.

성경은 모세 시대인 기원전 15세기부터 사도 요한의 시대인 기원후 1세기까지 약 1,500년간 기록된 말씀들 가운데 교회가 성령님과 함께하는 여러 번의 회의를 거쳐 교회의 경전으로 결정한 책들입니다.

하나님의 감동을 받아 직접 저술에 참여한 분들만 40여 명이고 그 안에 담긴 내용은 창조 이전의 역사부터 세상 종말 이후에 완전한 구원이 이루어지는 새 하늘과 새 땅의 내용까지 담겨 있습니다.

성경은 세속사 가운데 이루어진 구원의 역사를 말씀합니다. 성경은 예수 그리스도 안에 있는 구원을 알게 하고 사람들에게 교훈을 줍니다. 성경은 죄를 책망하고 바르게 살게 하며 의로운 삶을 살도록 만들어 줍니다. 그리고 하나님을 믿는 사람들의 인격을 온전하게 하여 선한 일들을 할 수 있도록 합니다.

"또 어려서부터 성경을 알았나니 성경은 능히 너로 하여금 그리스도 예수 안에 있는 믿음으로 말미암아 구원에 이르는 지혜가 있게 하느니라 모든 성경은 하나님의 감동으로 된 것으로 교훈과 책망과 바르게 함과 의로 교육하기에 유익하니 이는 하나님의 사람으로 온전하게 하며 모든 선한 일을 행할 능력을 갖추게 하려 함이라"(딤후 3:15-17)

성경은 하나님의 존재와 인간을 향한 하나님의 구원이 무엇인지 알게 하는 거룩한 책입니다.

이단들은 66권으로 이루어진 신구약 성경이 성도들과 교회의 유일한 신앙의 표준서인 교회의 경전인 것을 부인합니다. 마르시온처럼 모든 성경의 동등한 가치성을 부인하기도 합니다. 그는 구약은 신약 성도들에게 무가치하며 신약 성경 가운데 바울 서신 만이 가장 가치 있다고 주장했습니다.

또 몬타누스처럼 성경 이외의 특별 계시를 주장합니다. 그래서 이단들에 속한 자들에게는 반드시 성경 이외의 그들 교주의 가르침을 담은 특별 계시가 담겨 있다고 믿는 또 다른 책이 있습니다. 또한 그들은 성경의 가르침을 멋대로 왜곡하거나 자의적으로 해석한 그 내용에 따라 올바른 성경의 가르침을 부인합니다.

초대교회로부터 오늘날까지 존재하는 모든 이단들은 이 두 가지 가운데 적어도 한가지의 특징을 가지고 있습니다. 그들이 가장 많이 쓰는 성경 해석 방법이 비유풀이입니다. 비유풀이는 특정한 성경의 단어를 같은 단어가 쓰인 본문의 내용과 연결시켜 자신들의 목적에 맞게 해석하는 방법입니다.

그러나 고무신도 짝이 맞아야 하는 것인데, 그들의 비유풀이
는 고무신과 짚신을 억지로 신발이라는 틀에 맞추어서 억지를
부리는 것처럼 그들의 비유풀이 방법은 성경이 기록된 원 목적
과 전혀 상관없이 그들 교주를 신격화 하고 그들 집단만의 구
원의 독점을 주장하는 것일 뿐입니다.

2) 설교

성경은 교회의 경전입니다. 교회는 예수님을 주님이시며 구원
자로 고백하는 믿음의 공동체입니다. 주님은 교회에 천국 문을
여는 열쇠를 주셨습니다. 성경은 이 거룩한 믿음의 공동체인 교
회의 경전입니다. 경전이라고 할 때 경은 진리라는 뜻입니다.
전은 그 진리를 풀이해 준 것이라는 의미입니다.

신구약 성경은 그 자체 안에서 하나님의 구원의 진리를 밝혀
주고 있고 그 진리를 해석해 주고 있습니다. 그러므로 신구약
성경이 경전임을 알고 그 말씀의 의미를 조화롭게 연결시켜 보
면 사람이 사람답게 사는 원리와 구원에 이르는 진리를 알게

되어 있습니다.

　그러면 설교는 무엇일까요? 설교는 성경에 계시된 진리를 사람들이 알기 쉽게 말씀으로 전하고 행동으로 보여 주는 것입니다. 성경은 시대적으로 우리와 수천 년의 시간적인 간격이 있기 때문에 읽어서 바로 알기 어려운 부분들이 많이 있습니다.

　그래서 그 내용들을 알기 쉽게 해석해주고 설명해 주어서 듣는 사람들이 깨달아 알게 하고, 그 말씀대로 살도록 설득하고 적용하여 행동하도록 하는 것이 설교입니다.

　설교는 성경을 해석할 수 있도록 전문적으로 학문적인 훈련을 받고 꾸준한 기도 훈련을 통해 영적인 수련을 거친 분들이 하는 것입니다. 모든 잘못된 교리나 이단들은 성경 해석을 잘못해서 생긴 것입니다. 그러므로 성경에 대한 바른 해석과 바른 설교의 중요성은 아무리 강조해도 지나치지 않습니다.

　이것은 마치 구약시대의 제사를 아무나 집례하지 않고 훈련받은 제사장들이 하던 것과 같습니다. 희생 제물인 양이나 소를 가져오면 가져온 사람들이 자신의 죄를 전가하기 위해 그 제물에 안수를 하고 난 이후에 제사장들이 그 짐승을 잡아 제사를 드립니다. 제사장이 그 짐승의 가죽을 벗기고 그 살과 뼈는 조각을 내어 제단 위에서 불로 태워드리고 그 피는 받아 제단의 뿔에 바릅니다.

이 모든 일들은 훈련된 제사장들이 법도에 따라 하는 일입니다. 심지어는 제사장들도 하나님이 정하신 불이 아닌 다른 불로 제사를 집행하다가 죽음을 당했습니다. (레10장)

그러므로 예배를 집례하거나 하나님의 말씀을 해석하고 전하는 일은 전문적으로 훈련받은 목회자들이 할 일입니다. 그리고 예배를 집례 하는 목회자는 성결해야 합니다.

설교는 예배를 드리는 회중들에게 말씀을 전하는 대언자를 통해 하나님의 생명을 살리는 숨을 불어 넣는 일입니다. 예수님은 살리는 것은 영이니 육은 무익하다고 하시면서 내가 너희에게 이른 말은 영이요 생명이라고 하셨습니다. (요6:63) 그리고 주님의 말씀을 듣는 자들은 살아난다고 하셨습니다.

"이를 놀랍게 여기지 말라 무덤 속에 있는 자가 다 그의 음성을

들을 때가 오나니 선한 일을 행한 자는 생명의 부활로, 악한 일을 행한 자는 심판의 부활로 나오리라"(요5:28-29)

설교는 이렇게 예배를 드리는 회중들에게 하나님의 숨인 생명을 불어 넣는 일이기 때문에 하나님의 말씀을 전하는 대언자로서 하는 일입니다. 자기 생각이나 사사로운 목적을 위해 설교를 도구로 하는 일은 해서는 안 되는 일입니다.

설교를 바르게 할 자신이 없으면 설교자는 성경 그대로를 읽어주어야 합니다. 성경은 그 자체가 하나님의 감동으로 된 것이며 하나님의 영이 역사하는 말씀입니다. 그래서 성경은 수천 년이 지나도 여전히 성경은 영의 위치를 가지고 있습니다.

그러나 설교는 아무리 뛰어난 설교자가 전한 말씀이라도 그 수명이 오래가지 못합니다. 그것은 그 시대의 청중을 대상으로 한 설교이기 때문입니다. 그러므로 설교자는 철저히 하나님의 말씀의 대언자로서의 사명을 다해야 합니다.

거룩하신 하나님과의 만남의 현장인 예배 속에서 전해지는 하나님의 말씀을 대언하는 설교는 청중들의 생명을 살리고 양심을 일깨우며 시대를 밝히는 등불과 같은 역할을 합니다. 설교는 하나님의 말씀을 받아 대언하는 거룩한 하나님의 종들인 선지자들이 하는 일입니다.

3. 예수님과 교회

기독교는 예수님을 구세주로 믿습니다. 하나님 자신이 우리와 같은 인간이 되어 찾아오신 예수님이 이미 이루어 놓으신 죄의 용서를 통한 구원과 또 부활 승천하셨다가 이제 곧 다시 오실 예수님께서 이루실 마귀와 악에 대한 최종적인 심판과 죄의 용서를 믿습니다.

그리고 구원 받은 백성들에게 죽음과 고통과 저주가 없는 새 하늘과 새 땅에서 이루실 구원이 영원한 구원이며 최종적이고 완전한 구원인 것을 믿는 종교입니다.

기독교는 교회를 통해 그 진리를 선포합니다. 교회는 그리스도의 몸입니다. 교회는 예수님을 주님으로 고백하며 그 분을 통해 이생과 내생의 삶의 모든 문제가 해결될 것을 믿고 예수님을 구세주로 고백하는 성도들의 모임입니다.

교회는 하나님이 주신 복이 있는 공동체이며 사탄의 권세를 이기는 공동체입니다. 교회에는 천국의 열쇠가 주어져 있고 예수님의 이름과 성령의 능력과 기도를 통해 삶의 모든 문제를 묶고 푸는 권세가 주어져 있습니다.

> "이르시되 너희는 나를 누구라 하느냐 시몬 베드로가 대답하여 이르되 주는 그리스도시요 살아 계신 하나님의 아들이시니이다 예수께서 대답하여 이르시되 바요나 시몬아 네가 복이 있도다 이를 네게 알게 한 이는 혈육이 아니요 하늘에 계신 내 아버지시니라 또 내가 네게 이르노니 너는 베드로라 내가 이 반석 위에 내 교회를 세우리니 음부의 권세가 이기지 못하리라 내가 천국 열쇠를 네게 주리니 네가 땅에서 무엇이든지 매면 하늘에서도 매일 것이요 네가 땅에서 무엇이든지 풀면 하늘에서도 풀리리라 하시고 이에 제자들에게 경고하사 자기가 그리스도인 것을 아무에게도 이르지 말라 하시니라"(마16:15=20)

교회는 예수님을 통해 보여주신 하나님의 꿈과 이상을 예수님이 다시 오실 때까지 이 땅에서 선포하고 전하며 성취하는 곳입니다. 교회는 예배를 드리는 예배당과 그 안에서 신앙생활을 하는 성도들로 구성되어 있습니다.

성도들은 예배를 통해 하나님께 찬양하고 기도하며 말씀을 선포하고 헌신하며 하나님이 함께 하시는 축복을 체험합니다. 성도들은 하나님의 성령께서 그 몸 안에서 거하시는 거룩한 성전이며(고전3:16) 하나님께 택함 받은 거룩한 하나님의 나라요 하나님의 백성들이며 왕 같은 제사장들입니다.(벧전2:9)

성도들은 예배당에 모여 하나님께 예배를 드리며 하나님의 말씀을 가르치고 배우며 성찬과 애찬을 함께 나누며 친교하고, 흩어지면 영혼 구원을 위해 복음을 전도하고 어려운 이웃들을 돌보며 구제하고 하나님의 뜻을 이루어가기 위해 사회 전 영역에서 국가에서 또 국가를 넘어 온 세상에 선교합니다.

성도들은 말씀과 기도와 선과 아름다움을 추구합니다. 기독교인은 성경의 가르침을 따라 선하게 살면서 하나님의 형상대로 지음 받은 사람답게 아름다움과 멋을 추구하며 삽니다. 그리고 하나님께 기도합니다.

기독교인들의 기도는 하나님과의 대화이며 영적인 호흡입니다. 그 모든 기도의 모범은 예수님께서 가르쳐 주신 기도입니다.

"그러므로 너희는 이렇게 기도하라 하늘에 계신 우리 아버지여 이름이 거룩히 여김을 받으시오며 나라가 임하시오며 뜻이 하늘에서 이루어진 것 같이 땅에서도 이루어지이다 오늘 우리에게 일용할 양식을 주시옵고 우리가 우리에게 죄 지은 자를 사하여 준 것 같이 우리 죄를 사하여 주시옵고 우리를 시험에 들게 하지 마시옵고 다만 악에서 구하시옵소서(나라와 권세와 영광이 아버지께 영원히 있사옵나이다 아멘)"(마6:9-13)

기독교인들은 세상에 사는 동안 선행을 실천합니다. 지식이 있으나 행하지 않는 지식이 가짜인 것처럼 선을 행함이 없는 신앙은 거짓입니다. 그래서 선을 행하면서 낙심하지 말아야 합니다. 선을 행하면서 포기하지 아니하면 때가 되면 반드시 거두게 됩니다.(갈6:9)

예수님께서는 지극히 작게 여김을 받는 사람들에게 한 것이 주님께 대해 한 일이라고 하셨습니다.(마25:31-46)

기독교인의 믿음의 내용은 사도신경에 잘 정리되어 있습니다.
전능하사 천지를 만드신 하나님 아버지를 내가 믿사오며,
그 외아들 우리 주 예수 그리스도를 믿사오니,

이는 성령으로 잉태하사 동정녀 마리아에게 나시고,
본디오 빌라도에게 고난을 받으사, 십자가에 못박혀 죽으시고,
장사한 지 사흘 만에 죽은 자 가운데서 다시 살아나시며,
하늘에 오르사 전능하신 하나님 우편에 앉아 계시다가,
저리로서 산 자와 죽은 자를 심판하러 오시리라.

성령을 믿사오며, 거룩한 공회와 성도가 서로 교통하는 것과,
죄를 사하여 주시는 것과, 몸이 다시 사는 것과,
영원히 사는 것을 믿사옵나이다. 아멘

✝ 제2장 창조 세계

성경에서 말씀하는 구원을 이해하려면 먼저 창조주 하나님과 창조된 세상에 대한 바른 이해가 필요 합니다.

1. 창조 원리

전능하신 하나님께서 이 세상의 모든 만물을 창조하셨습니다. 창조의 가장 근본 원리는 하나님의 사랑과 생명과 아름다움과 축복입니다.

1) 사랑

하나님께서는 사랑으로 세상을 창조하셨습니다. 하나님의 사랑은 삼위일체이신 하나님의 근본적인 속성입니다. 하나님은 사랑이십니다. 참된 사랑은 서로 주고받는 것입니다. 하나님께서는 삼위 하나님 안에서 서로 사랑으로 하나가 되신 것처럼 이 세상 모든 만물들이 서로 사랑 안에서 조화와 질서를 이루어 존재하도록 창조하셨습니다.

하나님 사랑의 완성품은 사람입니다. 하나님은 삼위 하나님 안에 있는 사랑의 원리에 따라 하나님의 형상대로 사람을 만드셨습니다. 창조된 모든 피조물들이 존재하는 것도 하나님께서 사랑을 따라 조화와 질서를 이룰 수 있도록 만드셨기 때문입니다.

2) 생명

하나님의 창조 원리의 두 번째는 생명입니다. 하나님께서는 만물에게 생기를 주어 살아 있게 하셨습니다. 오늘날 존재하는 모든 만물들도 하나님이 주신 생기로 삽니다. 이 세상에는 하나님의 생기로 가득 차 있습니다. 하나님의 창조원리는 생명입니다.

3) 아름다움

하나님의 창조원리의 세 번째는 아름다움입니다. 아름다움은 각각의 개성과 멋이 있습니다. 존재하는 것들은 그 자체가 존재하는 그 자체로 아름다움입니다. 매일 창조하시면서 보시기에 좋았다고 말씀하시는 하나님은 아름다움의 하나님이십니다.

지금 우리가 살아가는 세상에는 하나님의 아름다움과 인공적인 아름다움과 자연 그대로의 아름다움이 섞여 있습니다. 그래서 우리는 사람으로서 이 아름다움을 추구하며 이 아름다움을 표현하며 삽니다.

4) 축복

하나님의 창조의 네 번째 원리는 축복입니다. 하나님께서는 이 모든 만물을 만드시면서 그들을 축복하셨습니다. 특히 모든 생물들을 종류대로 창조하시고 그들에게 복을 주셨습니다. 하나님은 축복의 하나님이십니다.

하나님은 사랑과 생명과 아름다움과 축복의 하나님이십니다. 이 내용을 성경은 창세기 1장과 2장에서 설명해 줍니다. 그리고 그 사랑과 생명과 아름다움과 축복의 완성은 요한계시록 21장과 22장의 새 하늘과 새 땅에 표현되어 있습니다.

2. 창조세계의 구성

창세기 1장 1절과 2절은 모든 만물의 기원을 설명해 줍니다.

> "태초에 하나님이 천지를 창조하시니라 땅이 혼돈하고 공허하며 흑암이 깊음 위에 있고 하나님의 영은 수면 위에 운행하시니라"(창 1:1-2)

이 말씀을 쉽게 번역해 보면 이렇습니다.

___ 1절

창조주이신 하나님께서 그분이 계시는 영원한 시간 속의 어느 한 시점, 곧 우리가 태초라고 부르는 바로 그 특정한 한 시점에 모든 만물을 창조하셨습니다.

그때부터 비로소 천사나 악령들이 있는 영계와 자연계의 여러 하늘과 그 가운데 있는 모든 것들 곧 눈에 보이는 물질들과 눈에 보이지 않는 공간들이 있게 되었습니다. 이 모든 것들은 무라고 불리는 무한한 하나님의 세계에서 창조된 것들이며 그 이전에는 있지 않던 것들입니다.

_____ 2절

그때 모든 물질을 표현하는 땅 특히 지구에는 존재하는 모든 것들이 제대로 된 모양을 갖춘 것들이 없었고 그 안에 생명이나 가치를 논할만한 것들이 전혀 없이 비어 있었습니다.

그리고 그 깊이를 헤아릴 수 없는 깊고 깊은 우주 위에 그 끝을 가늠할 수 없는 캄캄한 어두움이 있었습니다. 그리고 그 어둠의 세계 위에는 하나님의 보좌 앞에 있는 유리 바다와 같은 물이 있었으며 하나님의 신이신 성령께서 그 물들 위에서 새로운 창조의 역사를 일으키시기 위해 운행하고 계셨습니다.

하나님께서 창조하신 땅으로 표현된 세상의 물질들은 하나님께서 생기를 불어 넣기 전에는 질서가 없는 혼돈된 상태입니다.

이 물질적인 것의 존재 양태를 색(色)이라고도 합니다. 그리고 그것들이 모양을 달리하면 눈에 보이지 않는 공(空)으로 존재합니다. 색으로 존재하든 공으로 존재하든 그것들 안에는 에너지가 있는데 그 안에 있는 모든 에너지가 시간의 흐름에 따라 고갈되면 그 색과 공은 허(虛)가 됩니다. 허라는 말은 비어 있다는 것입니다.

존재의 사멸은 그래서 무가 아니라 허입니다. 그래서 성경에서 말씀하는 땅은 혼돈하고 공허한 것입니다. 혼돈과 공허한 땅이 있는가 하면 하나님의 영이 계신 곳과 그 사이에는 깊고 깊은 심연 위에 어둠이 있습니다. 그리고 그 위에 생명을 살리시는 하나님의 영이 물위에 있습니다. 처음 창조된 세상의 모습입니다.

이 모습을 다시 살펴보면 10차원에 속한 영원한 하늘에 계신 하나님께서 천사들과 악령들이 있는 영적인 하늘인 9차원과 8차원의 세계를 지으시고 또 7차원에 속한 인간들로부터 1차원에 속하는 점에 이르기까지 모든 만물들이 존재하는 우주라는 넓고 광대한 공간과 물질의 세계를 만드셨습니다. 그 우주 만물의 중심에 인간들이 사는 지구가 있습니다.

3절부터 5절은 첫째 날에 하나님께서 모든 만물들에게 생명을 불어 넣는 빛을 창조하신 것을 말씀합니다. 하나님은 하나님이 계신 하늘과 사람들이 사는 지구 사이의 어둠을 밝히는 빛을 만드셨는데 이 빛의 통로를 타고 우리는 하나님의 말씀 안에서 하나님과 교통합니다.

창조 안에 담겨진 이 진리를 알게 되었던 사도 바울은 그 감격과 기쁨을 이렇게 증거 합니다.

> "어두운 데에 빛이 비치라 말씀하셨던 그 하나님께서 예수 그리스도의 얼굴에 있는 하나님의 영광을 아는 빛을 우리 마음에 비추셨느니라 우리가 이 보배를 질그릇에 가졌으니 이는 심히 큰 능력은 하나님께 있고 우리에게 있지 아니함을 알게 하려 함이라 우리가 사방으로 우겨쌈을 당하여도 싸이지 아니하며 답답한 일을 당하여도 낙심하지 아니하며 박해를 받아도 버린 바 되지 아니하며 거꾸러뜨림을 당하여도 망하지 아니하고 우리가 항상 예수의 죽음을 몸에 짊어짐은 예수의 생명이 또한 우리 몸에 나타나게 하려 함이라 우리 살아 있는 자가 항상 예수를 위하여 죽음에 넘겨짐은 예수의 생명이 또한 우리 죽을 육체에 나타나게 하려 함이라"(고후4:6-11)

6일 동안 계속 반복된 "하나님이 말씀하시매 그대로 되었다"는 성경 말씀은 모든 만물이 하나님의 계획과 섭리 속에서 창조되었다는 선언이며 진화론이나 유물론을 거부합니다.

창조주이신 전능하신 하나님께서는 오늘 우리들이 말하는 하루라는 시간을 여섯 번 거듭하는 6일 동안 세상의 모든 것들을 창조하셨으며 창조의 완성품으로 하나님의 형상과 모양을 닮은 사람들을 남자와 여자로 창조하셨습니다.

> "하나님이 이르시되 우리의 형상을 따라 우리의 모양대로 우리가
> 사람을 만들고 그들로 바다의 물고기와 하늘의 새와 가축과 온 땅과
> 땅에 기는 모든 것을 다스리게 하자 하시고 하나님이 자기 형상 곧
> 하나님의 형상대로 사람을 창조하시되 남자와 여자를 창조하시고 하
> 나님이 그들에게 복을 주시며 하나님이 그들에게 이르시되 생육하고
> 번성하여 땅에 충만하라, 땅을 정복하라, 바다의 물고기와 하늘의 새
> 와 땅에 움직이는 모든 생물을 다스리라 하시니라"(창1:26-28)

인간은 하나님에 의해 창조된 피조물이며 진화의 산물이 아
닙니다. 하나님께서는 그 모든 것들을 종류대로 창조하셨으며
창조하신 것들을 보시면서 보시기에 좋았다고 하셨습니다. 이
세상은 우연히 이루어지거나 새나 물고기나 동물이나 사람은
진화의 산물이 아니며 하나님이 창조한 것입니다.

하나님의 창조를 부정하면 인간은 하나님의 형상을 닮은 존
재가 아니라 동물과 같은 존재가 됩니다. 오늘의 세상이 무질서
하고 어지러운 이유는 창조주이신 하나님을 거부하는 세상의
철학이나 거짓 종교들 때문입니다. 이들에 의하면 사람은 동물
과 같은 존재가 됩니다.

남자와 여자는 모두 하나님의 형상과 모양을 닮은 동등한 가치를 가진 존재로 창조되었으며 남자의 존재를 돕는 배필로 창조된 여자로 인해 그 삶이 완성됩니다. 이 신비는 하나님께서 짝 지워주신 한 남자와 한 여자의 결혼을 통해 완성됩니다.

또 여기에 예수 그리스도를 통해 탄생된 교회의 신비가 있습니다. 아담을 깊이 잠들게 하신 후에 아담을 재료로 여자를 만드신 것처럼 교회는 예수 그리스도의 죽음의 결과로 세워진 주님의 신부입니다. 그러므로 주님과 교회는 피와 살의 언약으로 맺어진 떼려야 뗄 수 없는 사랑의 관계입니다.

> "아담이 모든 가축과 공중의 새와 들의 모든 짐승에게 이름을 주니라 아담이 돕는 배필이 없으므로 여호와 하나님이 아담을 깊이 잠들게 하시니 잠들매 그가 그 갈빗대 하나를 취하고 살로 대신 채우시고 여호와 하나님이 아담에게서 취하신 그 갈빗대로 여자를 만드시고 그를 아담에게로 이끌어 오시니 아담이 이르되 이는 내 뼈 중의 뼈요 살 중의 살이라 이것을 남자에게서 취하였은즉 여자라 부르리라 하니라"(창2:20-23)

3. 10차원의 세계

하나님께서 창조하신 세상 속에서 우리가 소원하는 인간의 구원은 하나님의 창조 원리를 바르게 알아야 이루어질 수 있습니다. 하나님이 계신 곳에서부터 이 모든 세상은 전체가 10차원으로 구성되어 있습니다.

1) **1차원의 세계는 점입니다.** 점은 위치는 있으나 면적이 없는 무한소의 세계입니다. 위치가 있기 때문에 위치 에너지는 있으나 움직임이 없어 운동 에너지는 없습니다. 하나님의 창조 역사는 무한소인 점에서 시작했습니다. 빅뱅의 역사는 바로 이 무한소인 점에서 시작된 역사입니다.

2) **2차원의 세계는 선입니다.** 무수하게 많은 점들이 모여 이루는 것이 선입니다. 점들로 이루어진 선은 직선과 곡선이 있습니다. 직선은 양의 세계이며 곡선은 음의 세계입니다. 직선은 남자의 세계이며 곡선은 여자의 세계입니다.

직선과 곡선을 이루는 점들에게 있는 위치 에너지들은 선을 이루면서 위치 에너지가 운동 에너지로 바뀌게 됩니다.

3) **3차원의 세계는 면입니다.** 점이 모여 선이 되고 선이 모여 면이 됩니다. 직선인 양의 세계와 곡선인 음의 세계가 모여 이루는 면의 세계에서 사물의 모양과 형체를 분별하게 하는 기본 모양이 생겨납니다. 직선과 곡선이 이어지면 안과 밖이 구별되기 시작합니다.

양과 음으로 이루어진 세상의 모든 것들은 직선과 곡선이 모여 형태를 만들어 갑니다. 양과 음이 면으로 하나가 되면서 위치 에너지와 운동 에너지가 면을 통해 통합된 에너지로 나타납니다.

4) **4차원의 세계는 물질입니다.** 점과 선에 의해 면들이 모이고 흩어지면서 물질이 그 모습을 드러냅니다. 이 물질은 질량을 가지게 되고 그것은 최대로 압축하면 점과 같이 되고 최대로 펼치면 지구와 같은 모습이 됩니다.

물질의 세계를 우리는 눈에 보이는 세계인 색의 세계라고 합니다. 물질의 세계는 우리 눈이 보이고 만져지는 세계입니다.

5) **5차원의 세계는 물질에 공간이 더해진 것입니다.** 각각의 물질

은 고유의 영역을 가지고 있으면서 그 사이 사이에 공간을 가지고 있습니다. 그 공간이 각각의 물질을 서로 연결해주기도 하고 서루를 나누어 놓게도 합니다.

이 공간 사이에는 각각의 물질에서 나오는 끌어당기는 힘과 밀어내는 힘이 동시에 작용을 합니다. 이 힘의 균형을 통해 자연 만물은 오늘의 모습들을 유지하고 있습니다.

이 공간에 존재하는 세계를 우리는 눈에 보이지 않는 공의 세계라고 합니다. 눈에 보이지 않는다고 존재하지 않는 것은 아닙니다. 단지 보이지 않을 뿐입니다. 그래서 공의 세계라고 합니다.

6) 6차원의 세계는 물질과 공간에 더하여 시간이 작용하는 세계입니다. 물질과 공간의 질량의 전체 합은 항상 같으나 그 모양과 형태와 에너지의 총량이 항상 그대로일 수 없습니다.

그 이유는 흐르는 시간 때문입니다. 우리는 시간의 존재를 속도와 변화에 의해 알게 됩니다. 시간의 흐름은 만물을 변화하게 하고 속도의 빠름과 느림은 그 변화의 속도를 더하거나 덜하게 합니다. 그러므로 어떤 만물이든지 빠른 속도로 움직이면 그만큼 변화가 빠르고 속도가 느리면 변화도 더디게 됩니다.

시간은 느낌의 세계입니다. 시각이나 청각이나 촉각과 같은 것으로 이루어지는 느낌이 없으면 시간 속에서 일어나는 변화를 알 수 없습니다. 또한 느낌이 없으면 분별이 없어지고 생각도 없어집니다. 그러므로 시간의 흐름은 느낌을 통해 알 수 있습니다.

태초에 하나님께서 천지를 창조하실 때 바로 이 시간이 있는 6차원의 세계를 함께 창조하셨습니다. 시간은 과거에서부터 미래를 향해 가는 시간이 있고 미래로부터 와서 현재를 지나 과거로 흘러가는 시간이 있습니다. 그 교차점에 항상 변함이 없는 하나님의 영원한 시간이 있습니다.

우리 인생의 현재는 이 세 가지 시간의 교차점에 있습니다. 그래서 현재 지금, 바로 이 순간 지금, 우리가 살아 있는 바로 이 시간이 내가 살아 있는 동안의 모든 시간의 중심입니다. 가장 중요한 것은 현재입니다.

이 시간은 허의 세계입니다. 비어있는 세계입니다. 색과 공을 포함하면서도 그 에너지의 존재에 따라 비어갑니다. 텅 비어 갑니다. 허의 세계인 시간은 비어 있습니다. 물질(색)과 공간(공)은 이 비어 있는(허)의 시간 속에 모양과 형태를 바꾸어 가면서 공존하고 있습니다.

7) 7차원의 세계는 6차원을 넘어서는 사람들 안에서 발견되는 영적인 세계입니다. 시간과 공간과 물질 만으로 설명할 수 없는 것이 인간 안에 존재합니다. 그것이 영혼의 세계이며 정신세계이며 인간의 마음입니다.

인간 안에는 하나님의 영에 의해 하나님의 형상을 따라 만들어진 마음이 있고 그 마음 안에는 인간의 영과 혼(인격)이 있습니다. 우리가 겉과 속을 나눌 때 외면에 보이는 것이 겉이라면 내면에 있는 것이 속입니다. 그 속을 가리켜 마음이라고 합니다.(요14:16)

흔히 마음에서 이루어지는 일을 정신작용이라고 하고 그 내면의 세계를 정신세계라고 하지만, 그 마음 안에서 시간과 공간과 물질 같은 외부와 접촉하여 자신을 드러내는 것은 혼의 영역이고, 마음의 더 깊은 내면에서 모든 만물을 창조하신 하나님의 세계와 접촉하는 것은 영입니다.

어떤 사람에게는 이 영이 살아 역사합니다. 그러나 어떤 사람은 이 영은 죽어 있거나 잠들어 있고 혼만 살아 있는 사람도 있습니다. 그러므로 어떤 사람에게는 영의 생각이 우선적으로 역사하고 어떤 사람에게는 혼의 생각이 우선적으로 역사합니다.

외부로 드러나는 인격은 이 정신세계에서 영이나 혼이 어떤 영향을 먼저 받느냐에 따라 나타납니다. 혼의 세계에는 지성과 감정과 의지가 있는데 이것은 그 사람이 얻는 지식이나 경험과 수련에 따라 다르게 나타납니다.

그리고 그 모든 지식이나 경험들이 모여 사람들의 문화와 문명을 만들고 사람들의 삶을 더 나은 방향으로 이끌어 가기도 하고 그 삶의 방향을 더 나쁜 쪽으로 나아가게하기도 합니다.

인간의 영은 더 높은 차원에 있는 사탄의 영이나 천사의 영 그리고 최종적으로는 하나님의 영과 접촉을 합니다. 사람은 하나님의 생기 곧 하나님의 영 또 다른 말로는 하나님의 숨이 그 안에 머물러 있을 때 혼이 살아 움직이는 사람다운 사람이 됩니다.

하나님의 숨이 그를 떠나면 그는 더 이상 사람이 아닙니다. 하나님의 숨이 머물러 있을 때 그 사람의 영혼은 그 안에서 역사합니다. 그래서 살아 있는 인간은 7차원의 존재입니다.

8) 8차원의 세계는 사탄을 대표로 하는 어둠의 세계입니다. 이 어둠은 빛과 거의 구별되지 않는 어둠입니다. 미명의 세계입니다. 빛에 속한 천사였다가 타락하여 귀신과 악령이 된 어둠에 속한 존재들의 세계입니다. 사탄은 원래 천사들 가운데 그룹에 속하는 존재였으나 하나님의 자리를 탐내고 반역하여 벌을 받고 하나님 앞에서 쫓겨난 존재입니다.

> "너 아침의 아들 계명성이여 어찌 그리 하늘에서 떨어졌으며 너 열국을 엎은 자여 어찌 그리 땅에 찍혔는고 네가 네 마음에 이르기를 내가 하늘에 올라 하나님의 뭇 별 위에 내 자리를 높이리라 내가 북극 집회의 산 위에 앉으리라 가장 높은 구름에 올라가 지극히 높은 이와 같아지리라 하는도다 그러나 이제 네가 스올 곧 구덩이 맨 밑에 떨어짐을 당하리로다 너를 보는 이가 주목하여 너를 자세히 살펴보며 말하기를 이 사람이 땅을 진동시키며 열국을 놀라게 하며 세계를 황무하게 하며 성읍을 파괴하며 그에게 사로잡힌 자들을 집으로 놓아

보내지 아니하던 자가 아니냐 하리로다 열방의 모든 왕들은 모두 각
각 자기 집에서 영광중에 자건마는 오직 너는 자기 무덤에서 내쫓겼
으니 가증한 나무 가지 같고 칼에 찔려 돌구덩이에 떨어진 주검들에
둘러싸였으니 밟힌 시체와 같도다"(사14:12-19. 참고 겔28:12-19)

계명성이라고 번역된 사탄의 이름은 루시퍼이며 그는 사탄,
마귀, 큰 용, 옛 뱀이라고도 불리며(계12:9) 악한 권력과 거짓
선지자들을 동원하여 성도들을 핍박하고 죽이는 일들을 합니
다.(계13장)

인간의 가장 깊은 곳에 있는 영혼의 세계에서 가장 가까운
곳에는 어둠의 주관자인 사탄이 다스리는 끝을 모르는 어둠의
세계인 8차원의 세계가 있습니다. 이들은 원래 빛에 속하였다가
타락하여 어둠이 되었기 때문에 빛으로 가장합니다.

사람들이 쉽게 빛과 어둠을 구별하지 못하는 이유가 여기에
있습니다. 성경에서는 악령들이 역사하는 장소를 지옥이나 흑암
혹은 그 끝을 알 수 없는 구덩이라는 무저갱이라는 용어로 표
현합니다.

"하나님이 범죄한 천사들을 용서하지 아니하시고 지옥에 던져 어두운 구덩이에 두어 심판 때까지 지키게 하셨으며"(벧후2:4)

"또 자기 지위를 지키지 아니하고 자기 처소를 떠난 천사들을 큰 날의 심판까지 영원한 결박으로 흑암에 가두셨으며"(유1:6)

이 어둠의 세계는 악한 영의 세계이면서 동시에 인간들의 마음속에 있는 생각을 통하여 인간들의 영이나 혼과 접촉하면서 그 영향력을 행사합니다.

"마귀가 벌써 시몬의 아들 가룟 유다의 마음에 예수를 팔려는 생각을 넣었더라"(요13:2)

"베조각을 받은 후 곧 사탄이 그 속에 들어간지라 이에 예수께서 유다에게 이르시되 네가 하는 일을 속히 하라 하시니"(요13:27)

9) 9차원의 세계는 빛의 세계요 천사들의 세계입니다. 이 세계는 하나님께로부터 오는 빛과 생명의 세계입니다. 성경에서는 이곳이 낙원으로 표현되어 있습니다. 천사들은 하나님이 계시는 10차원의 세계와 악한 영들이 역사하는 8차원의 세계 사이에 있으며, 천사들은 악령들보다는 한 차원 더 높은 존재들입니다.

그러므로 악령들은 천사들을 이길 수 없습니다.

10) 10차원의 세계는 전능하시고 영원하시며 창조주이신 하나님의 세계입니다. 천사들이 있는 9차원의 세계로부터 무한소인 1차원의 점에 이르기까지 모든 피조물들을 품고 계시는 가장 위쪽에 있는 무한대의 광대무변의 세계입니다.

이 10차원의 세계는 시간의 흐름이 없는 영원한 시간의 세계이며 어떤 물질이나 영적인 것의 총량을 헤아릴 수 없는 무량의 세계이고 공간의 크기를 가늠할 수 없는 무공간의 세계입니다. 그 끝을 가늠할 수 없는 무극의 세계이고 모든 고통이 사라지고 죽음이 없는 극락의 세계입니다.

하나님께서 창조하신 모든 피조세계를 초월하면서도 그 모든 것들을 그 안에 품고 있는 실재하는 하나님의 세계입니다. 궁극적인 존재인 하늘나라이며 그 모든 것들을 그 존재 안에서 통치하는 하나님의 나라입니다. 빛과 어둠을 총괄하면서도 그 빛과 어둠을 그 안에서 초월해버리는 무명의 세계입니다.

있는 모든 존재를 우리는 있다는 개념의 유라고 합니다. 그리고 그 있다는 세상 밖의 세상을 없다는 의미에서 무라고 합니다.

그래서 하나님의 세계는 무의 세계이고 그 무라고 표현하는 그 안에 하나님은 모든 존재들을 품고 계십니다. 그래서 이 모든 우주 만물은 하나님의 존재 안에 존재하는 존재들입니다.

인간의 논리로나 합리적으로 다 설명할 수 없으면서 그 모든 합리성을 포용하고 존재와 비존재의 경계와 구별이 사라지는 무의 세계이면서도 모든 것들을 생성해 내는 초월적이고 궁극적인 존재이시며 존재의 근원이신 스스로 계신 하나님이 계신 곳입니다.

이 모든 우주만물은 이 10차원의 세계에서부터 비롯되었습니다. 실체는 있으나 그 존재를 논리적이나 합리적으로 명확하게 규정할 수 없는 1차원인 점으로부터 하나님 다음의 고도의 영적인 세계인 9차원의 하늘 낙원에 이르기까지의 그 모든 피조물들은 펼치면 우주만물이요 접으면 하나의 점이 됩니다.

그래서 이 모든 만물은 창조주이신 하나님의 세계와 피조 세계로 구별되면서 존재 안의 존재로 하나로 연결되는 것입니다.

하나님의 세계인 10차원의 세계는 공이 아닌 무의 세계입니다. 그러나 그 무는 모든 있는 것들의 근원이기에 그 한계를 정할 수 없으며 그 무의 형체는 담겨지는 그릇에 따라 다르게 나타납니다.

이 무가 담겨지는 그릇에 따라 그 모양을 달리 하는 것은 마치 물과 같고 그 작용은 불과 같아서 그 현묘함을 가히 측량할 수 없습니다. 무한하신 하나님의 영이 유한한 인간의 육체 속에 성령님에 의해 하나님의 숨결로 담겨지지만 그 유한함으로 그 무한함을 넘어서지 못하는 것이 바로 인간의 모습입니다.

그 신묘막측함을 무어라고 말할 수 있겠습니까? 인간의 육체 안에 담긴 하나님의 영에 의해 인간의 영이 그 무한함과 닿아 있고 그 무한함을 드러내는 것이 인간의 혼이며 그 혼의 선택에 따라 움직이는 것이 인간의 육체입니다.

하나님의 형상은 하나님의 내적인 것이요 하나님의 영의 세계이며 그 모양은 외적으로 드러나는 것입니다. 하나님의 형상은 인간에게 도덕적인 품성과 덕성으로 인간에게서 드러납니다.

그러나 하나님의 모양은 분명한 실체를 비유로 말할 수는 있으나 어떤 하나의 고정된 모양으로 드러낼 수는 없습니다. 그래서 하나님께서는 십계명을 통해 우상을 하나님처럼 만들어 경배하는 것을 엄격하게 금지하시는 것입니다.(제2계명)

"내가 곧 성령에 감동되었더니 보라 하늘에 보좌를 베풀었고 그 보좌 위에 앉으신 이가 있는데 앉으신 이의 모양이 벽옥과 홍보석 같고 또 무지개가 있어 보좌에 둘렸는데 그 모양이 녹보석 같더라"(계 4:2-3)

4. 인간 이해

하나님께서는 이 세상 모든 것들 가운데 가장 아름답게 사람들을 창조하셨습니다. 하나님의 형상(마음)과 모습을 닮은 존재로 창조된 인간들이 사는 세상에 교만 때문에 타락하여 하나님을 대적하다가 추방된 사탄의 유혹에 넘어간 인간들에 의해 죄가 들어오고 악이 시작되었습니다.

그 죄와 악의 결과는 사람들에게 형벌에 대한 두려움과 고통과 저주와 죽음을 가져 왔고 형이 아우를 죽이는 살인과 아들

을 잃어버린 하와의 슬픔을 가져 왔습니다.(창3장-4장)

그 죄악의 결과로 저주에 빠진 인간들을 구원하시려고 하나님께서는 죄의 유전성이 없는 여자의 후손을 통한 구원의 약속을 주셨습니다.

"내가 너로 여자와 원수가 되게 하고 네 후손도 여자의 후손과 원수가 되게 하리니 여자의 후손은 네 머리를 상하게 할 것이요 너는 그의 발꿈치를 상하게 할 것이니라 하시고"(창3:15)

아담으로 인한 죄의 유전성이 없는 여자의 후손으로 오신 분이 예수님이십니다. 그러므로 예수님을 영접하여 그 죄의 문제를 해결하고 죄에서 해방되어 하나님의 자녀가 되고, 예수 안에 있는 사람을 가리켜 새로운 피조물이라고 합니다.

"그런즉 누구든지 그리스도 안에 있으면 새로운 피조물이라 이전 것은 지나갔으니 보라 새 것이 되었도다"(고후5:17)

사람이 새로운 피조물이 되었다는 말은 예수님 안에서 그 영이 재창조되어 하나님을 찬양하고 하나님과 교통하는 능력, 곧 죄를 짓기 전에 원래 가지고 있던 그 영적인 기능과 능력이 다시 회복되었다는 것입니다.

그러나 아무리 그 영이 새롭게 되어도 그 육신은 여전히 죽음을 넘어설 수 없기 때문에 이 상태를 재창조된 인간으로서의 새로운 피조물이라고 말하는 것입니다.

그러면 새 창조는 무엇일까요? 예수 그리스도 안에서 구원받고 그 영이 재창조되어 하나님의 자녀가 된 사람들의 육체가 예수 그리스도의 재림과 함께 죽음을 넘어서는 영적인 몸으로 새로 창조되는 것입니다. 이것이 하나님께서 마지막 때에 이루실 새 창조입니다. 그러므로 아담의 죄의 유전과 그 굴레에서 벗어나지 못하는 모든 사람들은 예수님을 주님으로 영접하여 예수님의 보혈로 그 죄를 씻고 재창조되어 하나님의 자녀가 되어야 하고 하나님의 자녀가 된 사람들은 주님의 재림과 함께 이루어질 새 창조의 역사 곧 죽을 수밖에 없는 육신의 몸이 죽지 않을 영적인 몸으로 변화되는 새 창조의 역사를 바라보아야 합니다. 하나님의 창조의 역사는 새 하늘과 새 땅에서 완성됩니다.

"보라 내가 너희에게 비밀을 말하노니 우리가 다 잠 잘 것이 아니요 마지막 나팔에 순식간에 홀연히 다 변화되리니 나팔 소리가 나매 죽은 자들이 썩지 아니할 것으로 다시 살아나고 우리도 변화되리라 이 썩을 것이 반드시 썩지 아니할 것을 입겠고 이 죽을 것이 죽지 아니함을 입으리로다 이 썩을 것이 썩지 아니함을 입고 이 죽을 것이 죽지 아니함을 입을 때에는 사망을 삼키고 이기리라고 기록된 말씀이 이루어지리라 사망아 너의 승리가 어디 있느냐 사망아 네가 쏘는 것이 어디 있느냐"(고전15:51-55)

1. 구원에 대한 일반적 이해

구원은 악으로부터 생겨난 모든 고통에서 벗어나게 하고 하나님의 축복을 회복하여 행복한 삶을 살게 하고 이생과 내생에서 영생을 누리게 하는 것입니다.

구원은 사람의 한계상황에서 벗어나 사람으로서의 본래적인 모습을 회복하여 사람답게 사는 것입니다. 요한복음을 보면 예수님은 다양한 삶의 한계상황에 놓여 있는 사람들이 그 문제에서 벗어나게 했습니다.

포도주가 떨어진 잔치 자리에서 물로 포도주를 만들어 그 잔치가 계속되도록 해주셨습니다.(2장) 영생의 문제로 고민하던 니고데모에게는 영생의 문제에 대한 해답을 주셨습니다.(3장)

인간관계의 거듭된 실패 속에서 스스로를 고립시키고 대인 기피증에 있던 여인이 그 문제에서 벗어나도록 도우셨습니다. (4장)

스스로 그 병을 고칠 수 없는 38년 된 병자가 기적을 기대하지만 그 기적의 현장으로 들어갈 수 없어 세상과 사람들에 대한 원망으로 가득했던 사람의 그 병을 고쳐주셔서 그 한계에서 벗어나게 하셨습니다.

집단적 가난과 궁핍에 시달리던 수천 명의 사람들에게 오병이어의 기적을 베푸심으로 그들이 그 문제에서 벗어나게 하셨습니다. (6장)

진리에 목말라 하는 사람들에게 믿는 자의 배에서 솟아날 생수의 강에 대해 말씀하심으로 영혼의 갈증을 해결해 주셨습니다. (7장)

율법에 의하면 돌아 맞아 죽을 수밖에 없는 간음하다 현장에서 붙잡힌 여인을 살려주심으로 법과 제도를 넘어서는 하나님의 사랑이 무엇인지를 보여주셨습니다. (8장) 태어나면서 소경이었던 사람을 고쳐주시며 그 스스로 도저히 넘어설 수 없는 인생의 한계를 넘어가게 하셨으며(9장) 양의 문이 되시는 주님은 자신을 선한 목자로 소개하시면서 우리 모두를 살리려 오신 분으로 나타내셨습니다.(10장)

그리고 죽은 나사로를 살리시면서 우리 인간의 최종적인 한계인 죽음을 넘어서서 우리에게 영원한 생명을 주실 분이 예수님이신 것을 보여 주셨습니다.(11장)

그러므로 구원은 삶을 고통스럽게 하는 다양한 문제에서 벗어나 사람이 사람답게 사는 것입니다.

2. 구원의 방편(율법과 복음)

성경은 이 구원을 이루는 방법에 대해 크게 두 가지로 설명합니다. 그 하나는 율법이요 또 하나는 복음입니다. 불 속에 있는 사람을 구원하려면 불을 꺼야 합니다. 바닷물에 빠진 사람을 구하려면 구조선이 가까이 가서 구합니다.

이처럼 구원의 방법은 다양합니다. 그 모든 구원은 하나님께서 이루십니다. 구약 시대를 살던 사람들은 율법에 의해 구원을 받았으며 오늘 시대를 사는 우리들은 복음에 의해 구원을 받습니다.

율법은 모세를 통해 주어진 것입니다. 율법은 그 핵심이 출애굽기 20장에 나오는 모세가 시내산에서 하나님께 받은 십계명이며 모든 내용들은 613개 조항으로 되어 있습니다. 십계명을 제외한 율법의 내용들은 주로 제사법과 성결법으로 되어 있습니다.

그 모든 내용을 요약해서 예수님은 하나님 사람과 이웃 사랑으로 말씀하셨습니다.

"대답하여 이르되 네 마음을 다하며 목숨을 다하며 힘을 다하며 뜻을 다하여 주 너의 하나님을 사랑하고 또한 네 이웃을 네 자신 같이 사랑하라 하였나이다 예수께서 이르시되 네 대답이 옳도다 이를 행하라 그러면 살리라 하시니"(눅10:26-27)

모든 율법과 계명의 핵심인 십계명은 이 모든 내용을 담고 있습니다. 1계명부터 3계명은 하나님을 사랑하라는 내용입니다.

"하나님이 이 모든 말씀으로 말씀하여 이르시되 나는 너를 애굽 땅, 종 되었던 집에서 인도하여 낸 네 하나님 여호와니라"

너는 나 외에는 다른 신들을 네게 두지 말라

너를 위하여 새긴 우상을 만들지 말고 또 위로 하늘에 있는 것이나 아래로 땅에 있는 것이나 땅 아래 물속에 있는 것의 어떤 형상도 만들지 말며 그것들에게 절하지 말며 그것들을 섬기지 말라 나 네 하나님 여호와는 질투하는 하나님인즉 나를 미워하는 자의 죄를 갚되 아버지로부터 아들에게로 삼사 대까지 이르게 하거니와 나를 사랑하고 내 계명을 지키는 자에게는 천 대까지 은혜를 베푸느니라

너는 네 하나님 여호와의 이름을 망령되게 부르지 말라 여호와는 그의 이름을 망령되게 부르는 자를 죄 없다 하지 아니하리라

안식일을 기억하여 거룩하게 지키라 엿새 동안은 힘써 네 모든 일을 행할 것이나 일곱째 날은 네 하나님 여호와의 안식일인즉 너나 네 아들이나 네 딸이나 네 남종이나 네 여종이나 네 가축이나 네 문안에 머무는 객이라도 아무 일도 하

지 말라 이는 엿새 동안에 나 여호와가 하늘과 땅과 바다와
그 가운데 모든 것을 만들고 일곱째 날에 쉬었음이라 그러
므로 나 여호와가 안식일을 복되게 하여 그 날을 거룩하게
하였느니라

제 4계명은 안식일에 대한 계명입니다. 빈부귀천을 넘어서서
모든 사람들을 사랑하시는 주님의 사랑이 가장 아름답게 표현
된 것이 안식일에 대한 계명입니다.

제 5계명부터 10계명은 인간 사랑의 보편적인 윤리와 사랑
실천에 관한 내용입니다. 그 내용을 통해 우리는 인간 윤리의
보편적인 원칙을 알게 됩니다.

네 부모를 공경하라 그리하면 네 하나님 여호와가 네게
준 땅에서 네 생명이 길리라
살인하지 말라
간음하지 말라
도둑질하지 말라
네 이웃에 대하여 거짓 증거하지 말라
네 이웃의 집을 탐내지 말라 네 이웃의 아내나 그의 남종
이나 그의 여종이나 그의 소나 그의 나귀나 무릇 네 이웃의

소유를 탐내지 말라

이렇게 구약시대에 하나님께서는 율법과 계명들을 통하여 축복과 저주에 대한 모든 원리를 가르쳐 주셨습니다. 그 내용들은 레위기 16장이나 신명기 28장에 잘 요약되어 있습니다.

율법 안에서 이루어지는 구원에 관한 이 내용을 다시 구체적으로 살펴보고 나누어 보면 그 구원의

첫 번째 의미는 거짓된 신들의 세계인 우상 숭배에서 벗어나 사람이 사람으로서의 본래적인 위치를 되찾는 것입니다. 아브라함의 경우입니다.

두 번째 의미는 삶의 억압과 압제에서 벗어나는 경우입니다. 모세와 함께 애굽에서 벗어난 이스라엘의 모습입니다.

세 번째는 육체의 질병이나 가난에서 벗어나는 것입니다. 네 번째 의미는 악한 영들의 역사에서 벗어나는 것입니다. 다섯 번째가 죄의 저주와 사망에서 벗어나는 것입니다. 그것을 우리는 축복과 행복이라고 합니다.

3. 율법에 의한 구원

1) 생활의 축복

하나님께서는 사람들을 창조하실 때 하나님의 형상과 모양대로 만드시고 그들에게 복을 주셨습니다. 그러므로 사람이 창조원리에 따라 사람답게 살려면 하나님의 축복으로 살아야 합니다.

> "하나님이 이르시되 우리의 형상을 따라 우리의 모양대로 우리가 사람을 만들고 그들로 바다의 물고기와 하늘의 새와 가축과 온 땅과 땅에 기는 모든 것을 다스리게 하자 하시고 하나님이 자기 형상 곧 하나님의 형상대로 사람을 창조하시되 남자와 여자를 창조하시고 하나님이 그들에게 복을 주시며 하나님이 그들에게 이르시되 생육하고 번성하여 땅에 충만하라, 땅을 정복하라, 바다의 물고기와 하늘의 새와 땅에 움직이는 모든 생물을 다스리라 하시니라"(창1:26-28)

하나님께서는 모든 만물들을 만드신 다음 사람들을 남자와 여자로 만드셨습니다. 인간의 축복은 하나님께서 준비한 세상에서 남자와 여자가 함께 사는 것입니다.

그래서 하나님이 주시는 축복의 첫 번째는 생육입니다. 생육은 낳아 기르는 것입니다. 한 생명이 태어나는 것은 남자와 여자의 사랑을 통해 이루어집니다. 기르는 것은 부모의 사랑과 희생을 통해 이루어집니다. 하나님의 축복은 하나님을 닮은 하나님의 자녀로 살면서 생육하고 번성하는 것입니다.

그리고 땅에 충만하며 땅을 정복하고 다스리는 것입니다. 우리는 이 땅에서 살아갑니다. 그래서 하나님께서는 사람들에게 땅에서 충만하고 땅을 정복하며 지구상에 있는 모든 생물들을 다스리라고 하셨습니다.

이 축복을 누리며 사는 비결이 무엇일까요? 그것은 먼저 흙으로 만들어진 그 육체 안에 하나님의 형상의 본체인 하나님의 영이 인간의 생명 속에서 존재해야 하는 것입니다.

하나님의 영에 의해 생겨난 인간(혼)의 모양은 하나님의 모양을 닮아야 합니다. 그 내용을 성경은 간단하게 하나님께서 흙으로 사람을 지으시고 그 코에 생기를 불어 넣으시니 생령이 되었다(창2:7)는 말씀으로 설명합니다.

그러므로 사람이 사람답게 살려면 하나님의 형상과 모양대로 지음 받은 대로 하나님의 축복으로 살아야 합니다. 하나님이 주시는 그 축복은 그 삶을 행복으로 이끌어 갑니다.

시편 103편은 하나님의 축복으로 사는 인생의 모습을 이렇게 말씀합니다.

"내 영혼아 여호와를 송축하라 내 속에 있는 것들아 다 그의 거룩한 이름을 송축하라 내 영혼아 여호와를 송축하며 그의 모든 은택을 잊지 말지어다 그가 네 모든 죄악을 사하시며 네 모든 병을 고치시며 네 생명을 파멸에서 속량하시고 인자와 긍휼로 관을 씌우시며 좋은 것으로 네 소원을 만족하게 하사 네 청춘을 독수리 같이 새롭게 하시는도다"(시편 103:1-5)

2) 행복의 누림

하나님의 축복은 인생을 행복으로 이끌어 갑니다. 이 길을 걷도록 만드는 것이 지혜입니다.

잠언에서는 축복을 행복으로 이끌어 가는 이 지혜를 이렇게 말씀합니다.

"지혜를 얻은 자와 명철을 얻은 자는 복이 있나니 이는 지혜를 얻는 것이 은을 얻는 것보다 낫고 그 이익이 정금보다 나음이니라 지혜는 진주보다 귀하니 네가 사모하는 모든 것으로도 이에 비교할 수 없도다 그의 오른손에는 장수가 있고 그의 왼손에는 부귀가 있나니 그 길은 즐거운 길이요 그의 지름길은 다 평강이니라 지혜는 그 얻은 자에게 생명나무라 지혜를 가진 자는 복되도다"(잠언3:13-18)

지혜를 얻는 자는 축복의 사람이요 지혜를 가진 사람은 행복한 사람입니다. 성경은 분명 축복에서 행복으로 나아가는 길이 지혜에 있다고 말씀합니다.

하나님께서는 아담과 하와를 만드신 다음 그들이 살아 있는 영적인 존재가 되게 하신 후에 그들을 에덴동산으로 이끌어 가셨습니다. 에덴은 행복이라는 뜻입니다. 행복은 그 육체 안에 영이 살아 있는 사람들, 하나님의 축복을 받은 사람들에게 주어지는 것입니다.

행복은 누리는 것입니다. 성경은 행복에 대해 이렇게 말씀합니다.

"하나님이 인생들에게 노고를 주사 애쓰게 하신 것을 내가 보았노라 하나님이 모든 것을 지으시되 때를 따라 아름답게 하셨고 또 사람들에게는 영원을 사모하는 마음을 주셨느니라 그러나 하나님이 하시는 일의 시종을 사람으로 측량할 수 없게 하셨도다 사람들이 사는 동안에 기뻐하며 선을 행하는 것보다 더 나은 것이 없는 줄을 내가 알았고 사람마다 먹고 마시는 것과 수고함으로 낙을 누리는 그것이 하나님의 선물인 줄도 또한 알았도다"(전3:10-13)

축복과 행복으로 이루어지는 사람의 삶은 시편 23편에 열두 가지 내용으로 잘 나타나 있습니다.

"여호와는 나의 목자시니 내게 부족함이 없으리로다 그가 나를 푸른 풀밭에 누이시며 쉴 만한 물 가로 인도하시는도다 내 영혼을 소생시키시고 자기 이름을 위하여 의의 길로 인도하시는도다 내가 사망의 음침한 골짜기로 다닐지라도 해를 두려워하지 않을 것은 주께서 나와 함께 하심이라 주의 지팡이와 막대기가 나를 안위하시나이다 주께서 내 원수의 목전에서 내게 상을 차려 주시고 기름을 내 머리에 부으셨으니 내 잔이 넘치나이다 내 평생에 선하심과 인자하심이 반드시 나를 따르리니 내가 여호와의 집에 영원히 살리로다"(시23:1-6)

4. 예언과 구원

구원의 역사는 각 개인의 문제인 동시에 역사와 국가와 사회 공동체 전체의 문제입니다. 그래서 성경에는 역사 속에서 하나님의 말씀을 대언한 선지자들의 말씀이 성경 전체에서 4분의 1 정도를 차지합니다.

예언자들은 하나님의 말씀을 받아 전하는 대언자들이며 선지자라고도 합니다. 이들의 활동과 예언의 내용은 주로 주전 1,050년 이스라엘의 초대 왕이었던 서울시대의 선지자 사무엘에서부터 시작되어 통일 왕국 시댜를 지나 분단 왕국 시대와 바벨론 포로기 이후인 주전 5세기의 말라기 선지자의 예언까지가 구약 성경에 기록되어 있습니다.

예언자의 시조는 사무엘 선지자와 우리아의 아내였던 밧세바와의 간음 사건을 저지르고 그 사실을 은폐하기 위해 다양한 술수와 거짓을 행한 다윗의 범죄를 책망한 나단 선지자라고 할 수 있는데 본격적인 예언자들의 활동은 남북 왕국 분단 이후인 주전 922년 이후입니다.

이들의 사역은 주전 9세기 예언자인 엘리야와 엘리사의 사역으로부터 시작하여 끊임없이 우상 숭배에 물들어 가던 이스라엘을 영적으로 순결한 하나님의 백성으로 세우기 위해 하나님의 말씀을 받아 전한 일입니다.

남북 왕조로 분단 된 이후 북쪽 이스라엘에는 초대 왕이었던 여로보암 1세로부터 19대 호세아 까지 19명의 왕들이 통치를 했으나 그들 모두는 하나님 앞에 범죄한 왕들입니다. 북 이스라엘이 앗수르라는 나라에 의해 멸망을 당하던 주전 722년 이전 북 이스라엘에서 활동하던 선지자는 아모스와 호세아인데 아모스 선지자는 주로 정의를 외쳤고 호세아 선지자는 인애 곧 하나님과의 언약 관계에서 주어지는 하나님의 사랑을 전했습니다.

"오직 정의를 물 같이, 공의를 마르지 않는 강 같이 흐르게 할지어다"(암5:7)

"오라 우리가 여호와께로 돌아가자 여호와께서 우리를 찢으셨으나 도로 낫게 하실 것이요 우리를 치셨으나 싸매어 주실 것임이라 여호와께서 이틀 후에 우리를 살리시며 셋째 날에 우리를 일으키시리니 우리가 그의 앞에서 살리라 그러므로 우리가 여호와를 알자 힘써 여호와를 알자 그의 나타나심은 새벽 빛 같이 어김없나니 비와 같이,

땅을 적시는 늦은 비와 같이 우리에게 임하시리라 하니라"(호6:1-3)

그 무렵 남쪽 유다에는 이사야 선지자와 미가 선지자가 활동을 했는데 이사야 선지자는 거듭되는 전쟁과 복잡한 구제 정세에서 유다가 이웃 나라를 의자할 것이 아니라 온전히 하나님을 의자할 석을 선포했고 미가 선지자는 이 세 선지자의 말씀을 종합하여 말씀을 선포하였습니다.

"사람아 주께서 선한 것이 무엇임을 네게 보이셨나니 여호와께서 네게 구하시는 것은 오직 정의를 행하며 인자를 사랑하며 겸손하게 네 하나님과 함께 행하는 것이 아니냐"(미6:8)

그 시대에 같이 활동하던 예언자 가운데에는 요나 선지자도 있습니다. 요나는 이스라엘을 멸망시킨 아수르의 수도 니느웨에서 선지자로 활동했습니다.

하나님의 말씀을 받아 대언하던 이 예언자들의 활공은 북 이스라엘이 망한 후에도 계속되었으며 남쪽 유다가 바벨론에 의해 멸망당하던 주전 586년 무렵에는 예레미애 선지자와 에스겔 선지자 그리고 다니엘과 같은 분들이 활동했습니다.

특히 예레미야는 하나님께서 이스라엘 민족에게 주셨던 언약이 새 언약으로 바뀌어 모든 인류를 구원할 언약으로 바뀔 것을 예언하였으며 이 언약은 예수 그리스도를 통해 성취되었습니다.

> "여호와의 말씀이니라 보라 날이 이르리니 내가 이스라엘 집과 유다 집에 새 언약을 맺으리라 이 언약은 내가 그들의 조상들의 손을 잡고 애굽 땅에서 인도하여 내던 날에 맺은 것과 같지 아니할 것은 내가 그들의 남편이 되었어도 그들이 내 언약을 깨뜨렸음이라 여호와의 말씀이니라 그러나 그 날 후에 내가 이스라엘 집과 맺을 언약은 이러하니 곧 내가 나의 법을 그들의 속에 두며 그들의 마음에 기록하여 나는 그들의 하나님이 되고 그들은 내 백성이 될 것이라 여호와의 말씀이니라"(렘31:31-33)

또한 다니엘 선지자는 그 시대의 역사의 지평을 넘어 영원한 하나님의 나라가 이루어 질 것을 환상으로 보고 예언하였습니다.

> "기다려서 천삼백삼십오 일까지 이르는 그 사람은 복이 있으리라 너는 가서 마지막을 기다리라 이는 네가 평안히 쉬다가 끝날에는 네 몫을 누릴 것임이라"(단12:12-13)

포로시대를 거쳐 다시 가나안 땅에 돌아온 이스라엘 백성들은 학개와 스가랴선지자의 격려와 함께 총독인 스룹바벨과 여호수아 제사장을 중심으로 나라의 멸망과 함께 파괴된 솔로몬 성전의 터 위에 두 번째 성전을 짓고 새 역사를 다시 시작했습니다.

그러나 그들은 신구약 중간시대를 거쳐 주전 63년부터 로마의 통치를 받게 되었으며 주후 70년 예루살렘의 멸망과 함께 성전과 나라를 잃어버리고 온 세계를 떠도는 나라 없는 민족이 되었습니다.

그리고 그들은 1948년의 이스라엘 독립과 함께 오늘날의 이스라엘을 이루어 살고 있습니다. 이스라엘 민족의 역사 속에 나타난 하나님의 예언은 결국 이처음 창조에 속한 모든 것들은 그것이 개인이든지 국가이든지 결국은 멸망할 것이라는 것입니다.

신약의 예언서인 요한 계시록을 통해 보여주는 역사의 완성은 이것입니다. 하나님을 대적하던 마귀와 두 짐승 곧 적그리스도인 권력자와 거짓 선지자는 예수 그리스도의 재림과 함께 심판을 받고 불못에 던져져 영원한 고통에서 벗어나지 못합니다.

그리고 흰 보좌 앞에서의 악인들에 대한 마지막 심판 이후에 하나님께서 새롭게 창조하실 새 하늘과 새 땅을 창조하십니다. 이 새 하늘과 새 땅에서 이루어지는 하나님 나라는 이 역사 속에서 나타난 흥망성쇠를 거듭하는 나라가 아닙니다.

마지막에 완성될 성경 예언의 핵심인 하나님 나라는 모든 저주와 어둠이 사라진 나라입니다. 저주와 어둠이 없다는 것은 시간의 흐름도 없다는 것이요 마귀의 역사가 없다는 것입니다.

시간은 빛과 어둠이 함께 존재할 때 있습니다. 낮과 밤이 지나가며 하루라는 시간이 흘러갑니다. 그러므로 어둠이 없는 세상은 시간의 흐름이 없는 곳입니다. 시간의 흐름이 없기 때문에 우리는 새 하늘과 새 땅에서 영생합니다. 그래서 우리는 성경 예언의 마지막 성취인 예수님의 재림과 죽음이나 고통이나 저주나 어둠이 없는 새 하늘과 새 땅을 바라보는 것입니다.

"또 그가 수정 같이 맑은 생명수의 강을 내게 보이니 하나님과 및 어린 양의 보좌로부터 나와서 길 가운데로 흐르더라 강 좌우에 생명나무가 있어 열두 가지 열매를 맺되 달마다 그 열매를 맺고 그 나무 잎사귀들은 만국을 치료하기 위하여 있더라 다시 저주가 없으며 하나님과 그 어린 양의 보좌가 그 가운데에 있으리니 그의 종들이 그를 섬기며 그의 얼굴을 볼 터이요 그의 이름도 그들의 이마에 있으리라 다시 밤이 없겠고 등불과 햇빛이 쓸 데 없으니 이는 주 하나님이 그들에게 비치심이라 그들이 세세토록 왕 노릇 하리로다."(계22:1-5)

5. 복음에 의한 구원

성경의 가르침에 따르면 인간은 하나님의 피조물입니다.(창 1:26-28, 2:7) 하나님의 형상과 모양대로 창조된 인간은 영혼과 육체로 되어 있습니다. 영혼을 다시 나누어 보면 영과 혼이라고 하는데 영은 하나님과 관계를 맺게 해주며 혼은 사람답게 살게 하고 육체는 이 세상에서 사는 동안 존재합니다.

그러므로 인간에게 구원이 필요한 이유는 창세기 3장에서 보는 것처럼 사람들이 죄를 지으면서 인간들에게 고통과 저주와 죽음이 찾아왔기 때문입니다. 이 고통과 저주와 죽음은 인간 스스로 벗어날 수 없기 때문에 하나님께서는 여자의 후손으로 상징되는 예수 그리스도를 구원자로 약속하셨습니다.(창3:15)

1) 초림 예수의 구원(중생(칭의)과 영생)

예수 그리스도는 율법을 완성하신 분입니다. 그러므로 초림하신 예수님은 율법에서 구약 시대 율법 안에서 약속된 모든 축복과 행복을 그분을 믿고 따르는 사람들에게 주셨습니다. 이것을 우리는 예수님의 삼대 사역이라고 합니다.

예수 그리스도를 통한 구원의 약속은 구약시대에 꾸준히 약속되어 왔으며(사7:14, 53장등) 예수님은 그 약속대로 오셨습니다.(마1:16-23) 예수님은 이 땅에 오셔서 예수님 안에서 모든 질병과 고통과 죽음에서 벗어나는 길을 가르쳐 주셨습니다

> "예수께서 온 갈릴리에 두루 다니사 그들의 회당에서 가르치시며 천국 복음을 전파하시며 백성 중의 모든 병과 모든 약한 것을 고치시니 그의 소문이 온 수리아에 퍼진지라 사람들이 모든 앓는 자 곧 각종 병에 걸려서 고통당하는 자, 귀신 들린 자, 간질하는 자, 중풍병자들을 데려오니 그들을 고치시더라"(마4:23)

인간들이 사는 동안 겪는 모든 문제에서 벗어나게 하시는 주님의 사역은 하나님의 나라를 선포하는 것에서 시작합니다. 그리고 그 사역은 구원의 복음을 가르치시며 모든 병든 자와 약한

자를 고치시는 사역으로 이어 집니다.(PTH=Preaching, Teaching, Healing)

사람이 살아가는 동안 있는 모든 문제는 이 세 가지 사역으로 해결됩니다. 그래서 예수님께서는 제자들에게 복음을 전하도록 보내실 때도 이 능력을 주셨습니다.(마10:1)

인간들은 영원한 하나님의 나라에 가기 전에 이 땅에 영혼과 육체를 가진 존재로 살아갑니다. 그러기 때문에 영원한 천국에서의 구원뿐만이 아니라 이 땅에 사는 동안에도 하나님의 구원을 누리려면 영과 혼과 육체의 구원이 함께 이루어져야 합니다.

(1) 거듭남과 영혼 구원

그러나 살아 있는 동안의 축복과 행복으로만 그치면 그 사람이 온전히 구원 받았다고 할 수 없습니다. 그래서 축복과 행복만으로는 죄의 문제가 해결되지 않고 죽음이 해결되지 않기 때문에 예수님은 십자가에서 죽으시면서 인간의 모든 죄를 해결해 주셨습니다.

"우리는 그리스도 안에서 그의 은혜의 풍성함을 따라 그의 피로

말미암아 속량 곧 죄 사함을 받았느니라"(엡1:7)

"예수께서 신 포도주를 받으신 후에 이르시되 다 이루었다 하시고 머리를 숙이니 영혼이 떠나가시니라"(요19:30)

그러므로 예수님의 십자가 위에서 이루신 구원의 사건을 내게 주신 하나님의 은혜로 알고 받아들이는 바른 믿음을 가지면 하나님의 자녀가 되며 구원을 누리게 됩니다.

"그러므로 이제 그리스도 예수 안에 있는 자에게는 결코 정죄함이 없나니 이는 그리스도 예수 안에 있는 생명의 성령의 법이 죄와 사망의 법에서 너를 해방하였음이라"(롬8:1-2)

이렇게 예수 그리스도의 은혜로 죄에서 벗어나 하나님의 생명으로 사는 것이 영생입니다. 하나님께서는 예수 그리스도의 보혈로 씻김을 받은 하나님의 자녀들을 의롭게 여기십니다. 이 것은 우리가 의로워진 것이 아니라 하나님께서 의롭게 여기시는 것이기 때문에 칭의라고 합니다.

영원한 생명은 영원히 살아 계시는 하나님만이 가지신 하나님의 생명입니다.

그래서 하나님을 알고 예수 그리스도를 아는 것이 영생입니다.(요17:3)

여기서 안다는 것은 하나님 안에서 예수 그리스도를 깊이 사귀고 체험하는 것입니다. 예수 그리스도를 알게 되면 그때부터 영원한 생명의 영이신 성령님이 역사하십니다.

예수님은 부활하신 이후에 예수님을 대신하여 항상 우리와 함께 하실 성령님이 오실 것을 약속하시고 하나님 아버지가 계신 곳으로 승천하셨습니다.

"오직 성령이 너희에게 임하시면 너희가 권능을 받고 예루살렘과 온 유대와 사마리아와 땅 끝까지 이르러 내 증인이 되리라 하시니라 이 말씀을 마치시고 그들이 보는데 올려져 가시니 구름이 그를 가리어 보이지 않게 하더라"(행1:8-9)

승천하신 예수님은 이제 곧 그 약속대로 다시 오실 것입니다. 주님의 재림과 함께 모든 악은 심판을 받아 완전한 멸망을 당하게 될 것이고(계20:10-15) 그 이후에 이루어질 영원한 천국에는 고통이나 저주나 어둠이나 죽음이 없습니다.(계21:1-7, 22:1-10)

그런데 성경에는 이 천국에 대한 내용이 죽음 이후의 세계만을 의미하지 않습니다. 마태복음 5장 7절에는 "심령이 가난한 자는 천국이 저희 것이라"고 했습니다. 여기에서 말씀하는 천국은 영적인 의미에서 이루어지는 것입니다. 이 천국을 성경에서는 하늘나라나 하늘로 표현합니다.

> "나로 말미암아 너희를 욕하고 박해하고 거짓으로 너희를 거슬러 모든 악한 말을 할 때에는 너희에게 복이 있나니 기뻐하고 즐거워하라 하늘에서 너희의 상이 큼이라 너희 전에 있던 선지자들도 이같이 박해하였느니라"(마5:11-12)

천국에 대한 또 하나의 표현은 하나님의 통치가 이루어지는 나라라는 의미에서 쓰이는 하나님 나라입니다.

> "요한이 잡힌 후 예수께서 갈릴리에 오셔서 하나님의 복음을 전파하여 이르시되 때가 찼고 하나님의 나라가 가까이 왔으니 회개하고 복음을 믿으라 하시더라"(막1:14-15)

이렇게 천국은 사람들의 마음에서부터 시작하여 죽음 이후에 들어가게 되는 낙원이나 새 하늘과' 새 땅에서 이루어지는 영원한 천국이 있습니다. 예수님의 재림 이후에 이루어지는 천국이 내적이고 영적인 의미의 천국과 현실적인 하나님의 통치가 온전히 함께 이루어지는 영원한 천국입니다.

> "내가 들으니 보좌에서 큰 음성이 나서 이르되 보라 하나님의 장막이 사람들과 함께 있으매 하나님이 그들과 함께 계시리니 그들은 하나님의 백성이 되고 하나님은 친히 그들과 함께 계셔서 모든 눈물을 그 눈에서 닦아 주시니 다시는 사망이 없고 애통하는 것이나 곡하는 것이나 아픈 것이 다시 있지 아니하리니 처음 것들이 다 지나갔음이러라"(계21:3-4)

지금 우리는 바로 그 천국을 향해 가고 있으며 그곳에는 죽음이나 고통이나 질병이나 저주나 어둠이 없습니다.

초림하신 예수님은 죄와 악의 결과로 찾아 온 모든 고통에서 벗어나 길을 열어 주셨고 재림하실 예수님은 그 모든 악의 근원인 사탄과 그 모든 세력을 심판하시고 멸망시키십니다.

왜 예수님께서 재림하셔서 사탄과 악령들과 모든 악의 세력을 심판하시고 멸망시키실까요? 그 모든 죄와 악이 존재하는 한 인간의 고통은 끝나지 않기 때문입니다.

그래서 예수님께서는 우리에게 기도를 가르쳐 주시면서 우리에게 죄를 지은자를 용서해 준 것처럼 우리의 죄를 용서해 주시고 시험에 들지 말게 하옵시며 다만 악에서 구하시옵소서" 라고 하나님 아버지께 기도하라고 하셨습니다. 죄와 악은 실제로 존재하는 악의 세력들입니다.

그러므로 죄와 악과 함께 찾아온 인간의 고통은 예수 그리스도를 믿는 믿음을 가져야 예수님 안에서 완전히 해결되고, 우리를 찾아오신 하나님이신 예수님을 주님으로 영접하여 하나님의 자녀가 되어야 영생을 누리게 됩니다. 이것이 성경이 말씀하는 구원에 대한 완전한 로드맵입니다.

인간은 축복에서 행복으로, 행복에서 영생으로 나아가야 합니다. 그러기 위해 우리는 축복과 행복 모두를 잃어버리게 하는 죄의 문제에서 벗어나야 합니다. 그것이 바로 영생과 천국의 원리입니다.

창세기 3장에서 보는 것처럼 사람들이 에덴의 행복이 깨진 이유는 타락한 천사인 마귀의 유혹을 이기지 못하고 그 꼬임에 빠져 하나님의 명령을 어긴 죄에서 시작되었습니다.

그러므로 아무리 사람들이 축복을 누리고 싶고 행복하게 살고 싶어도 이 죄의 문제가 해결되지 못하면 인생은 영원한 생명을 얻을 수도 없고 축복이나 행복도 누릴 수도 없습니다. 왜냐하면 그 모든 것들이 하나님이 주시는 것이기 때문입니다.

영생은 죽음 이후에만 주어지는 것은 아닙니다. 이생에서부터 시작되는 것이 영생입니다. 예수님께서는 이렇게 말씀하셨습니다.

"내가 진실로 진실로 너희에게 이르노니 내 말을 듣고 또 나 보내신 이를 믿는 자는 영생을 얻었고 심판에 이르지 아니하나니 사망에서 생명으로 옮겼느니라 진실로 진실로 너희라 듣는 자는 살아나리라"(요5:24-25)

사람이 사람답게 사는 길은 영생과 행복과 축복이 함께 이루어지는 삶입니다. 영생은 육체적인 생명을 너머서 이르노니 죽은 자들이 하나님의 아들의 음성을 들을 때가 오나니 곧 이 때에 하나님의 생명으로 사는 것입니다. 행복은 잘 살고(웰빙) 잘 죽는 것(웰 다잉)이며 축복은 육체적인 삶을 사는 동안 부족함이나 이지러짐이 없는 삶을 누리는 것입니다.(씨23편)

그 첫 출발점이 성령님의 역사로 인간 안에 존재하고 있는 영이 다시 거듭나서 꾸준하게 하나님의 생명으로 사는 것입니다. 처음 창조된 인간들인 아담과 하와는 범죄 하기 이전에 이 생명으로 살았습니다.

그래서 그들은 살아 있는 영적인 존재들이었고 7차원에 속한 존재들이지만 하나님의 영과 직접 소통하는 아름다운 삶을 살 수 있었습니다. 그런데 그들은 하나님의 축복으로 이루어진 행복의 동산 에덴에서 마귀의 꾐에 빠져 하나님의 말씀을 어기고 하나님과의 생명의 관계가 끊어지는 죄를 짓고 영원한 생명을 잃어버렸습니다.

마귀는 하나님과 상관없이 선과 악을 판단하라고 아담과 하와를 유혹했습니다. 하나님께서는 하나님과 상관없이 사람들이 스스로 선과 악을 판단하면 반드시 죽는다고 말씀하셨습니다.

그럼에도 불구하고 하나님의 말씀을 어긴 죄 때문에 하나님과의 영적으로 이어진 생명의 관계가 끊어진 인간들에게는 행복이 사라지며 하나님의 축복도 사라졌으며 결국 육체까지 죽을 수밖에 없게 되었습니다.

그러나 아담과 하와는 결코 죽지 않을 뿐만 아니라 눈이 밝아져 하나님과 같이 된다고 속이는 마귀의 유혹에 넘어가 하나님 없는 세상에서 피조물이 아니라 창조주와 같은 위치에서 살고 싶은 마음으로 잘못된 선택을 했습니다.

마귀가 말하는 결코 죽지 않는다는 말은 하나님이 없어도 인간 스스로 피조물의 한계를 넘어서서 영생할 수 있는 존재가 된다는 것입니다. 아담 이후에 발전되어 온 인간의 모든 과학과 철학이 궁극적으로 추구하는 인생 문제의 해답이 영생입니다.

그러나 인간은 하나님을 닮은 존재로 창조된 피조물이기 때문에 아무리 선과 악을 인간들이 스스로 판단한다 해도 하나님과 같은 창조주는 될 수 없습니다. 인간 스스로 신이 되고자 하는 욕망은 오늘날의 종교 다원주의나 종교 진화론이나 뉴 에이지 운동 같은 모습으로 나타나고 있습니다.

네 눈이 밝아진다는 사탄의 말대로 아담과 하와는 이전에 보지 못했던 새로운 것들과 신비한 것들을 보게 되었습니다. 그러나 그들이 눈을 뜨고 가장 먼저 본 것은 그들의 벌거벗은 모습입니다.

벌거벗은 모습을 보았다는 것은 하나님의 뜻을 어긴 상태, 곧 죄를 지은 자신의 모습을 있는 그대로 보게 되었고, 자신의 위치가 결코 하나님과 같이 될 수 없다는 절대적인 한계 상황을 알게 되었다는 것입니다.

스스로의 한계 상황을 알게 된 아담과 하와는 무화과나무로 상징되는 자연의 힘을 빌려 자신들의 부끄러움을 결코 영원히 가릴 수 없는 무화과나무 잎으로 치마를 만들어 입고 가리려고 했습니다. 그러나 무화과나무 잎으로는 가려지지 않습니다.

그 무화과나무는 후에 예수님이 열매를 구할 때 열매가 없어 저주를 받고 뿌리까지 말라버렸습니다.(마21장) 또한 그들은 그들을 찾으시는 하나님의 음성을 듣고 두려워 숨게 됩니다. 죄를 지은 인간들에게 가장 먼저 찾아 온 감정은 죄에 대한 수치심과 형벌에 대한 두려움입니다.

하나님의 생명이 떠나고 하나님의 뜻을 저버리는 죄를 지은 모든 인간들의 마음속에는 반드시 형벌에 대한 두려움이 찾아오고 하나님을 피해 숨게 됩니다.

이것은 오늘날에도 마찬가지입니다.

그리고 그들에게 찾아오는 것은 고통과 저주와 죽음입니다. 그리고 이 모든 문제들은 하나님과의 관계가 근본적으로 복원되기 전까지는 벗어날 수 없습니다.

이 근본적인 죄의 문제는 인간 스스로 해결할 수 없습니다. 그래서 하나님께서 한 인간의 모습으로 우리를 찾아오셔서 이 문제를 해결해 주셨습니다.

이 분이 누구입니까? 바로 예수님이십니다.

예수님은 하나님과 우리 인간 사이를 끊어 놓은 죄의 문제를 해결하시려고 친히 우리를 찾아오신 하나님이십니다. 이 예수님의 말씀을 듣고 하나님을 믿는 사람에게는 영생이 주어집니다. (요5:24)

그러므로 예수님이 이루신 십자가 사역이 하나님과 인간들의 사이를 끊어 놓은 사람들의 모든 죄의 문제에 대한 완전하고도 최종적인 해답입니다.

예수님께서 십자가에서 이루신 일이 마음으로 믿어지고 입으로 시인할 때 구원의 역사가 나타납니다.

> **"네가 만일 네 입으로 예수를 주로 시인하며 또 하나님께서 그를 죽은 자 가운데서 살리신 것을 네 마음에 믿으면 구원을 받으리라 사람이 마음으로 믿어 의에 이르고 입으로 시인하여 구원에 이르느니라"(롬10:9-10)**

하나님을 떠난 삶에서 돌아서고 죄에서 벗어나는 것이 회개입니다. 하나님을 떠나 살고 싶은 욕망에서 벗어나 예수 그리스도를 주님으로 영접하여 하나님의 자녀가 되고 다시 하나님과의 관계를 맺는 것이 회개입니다.

회개하면 예수 그리스도를 주님으로 영접하면 하나님의 영이다시 사람들의 영을 살리는 역사를 시작하시고(행2:38, 3:19) 예수님을 영접하는 사람들은 하나님의 자녀가 되며(요1:12) 그때부터 다시 예수님을 부인하고 성령을 위로하며 하나님을 떠나

는 죄를 짓지 않는 한(마12:31-32) 하나님은 우리와 영원히 함께 하십니다.(마28:20)

우리 안에 있던 영이 깨어나고 그 기능이 되살아나 그 기능이 회복되면 그때부터 우리의 삶은 그리스도 예수 안에 있게 되고, 하나님 안에 있는 생명과 성령의 법이 죄와 사망의 법에서 우리를 해방시켜 줍니다.(롬8:1-2)

이렇게 먼저 예수 그리스도 안에서 죄의 문제가 해결되고 영원한 생명을 얻어야 하나님의 형상을 회복하게 되고 영원한 천국의 주인공이 될 수 있습니다.

영의 구원은 영이 깨어나고 그 기능을 회복하는 것입니다. 영은 자라는 것이 아닙니다. 영은 깨어나고 맑아지는 것입니다. 그러므로 예수님께서는 마음이 청결한 자는 복이 있나니 하나님을 볼 것이라(마 5:8)고 하셨습니다. 영이 구원받은 사람은 영적으로 하나님과 깊은 교제와 사귐을 가질 수 있습니다. 인간은 영의 구원을 통해 영생합니다.

사람들의 삶과 구원의 관계를 다시 쉽게 정리해 보면 무생이면 무사요 일생이면 이사입니다. 이생은 일사이며 삼생은 불사입니다. 이게 무슨 뜻이냐 하면 태어남이 없으면 죽음도 없습니다. 그러나 육체적으로만 태어나고 하나님 안에서 그 영이 다시 태어나지 않으면 이 삶은 육체적인 죽음 이후에 다시 마지막 심판을 통해 지옥 불에 던져 집니다.

"한번 죽는 것은 사람에게 정해진 것이요 그 후에는 심판이 있으리니 이와 같이 그리스도도 많은 사람의 죄를 담당하시려고 단번에 드리신 바 되셨고 구원에 이르게 하기 위하여 죄와 상관없이 자기를 바라는 자들에게 두 번째 나타나시리라"(히9:27-28)

"또 내가 크고 흰 보좌와 그 위에 앉으신 이를 보니 땅과 하늘이 그 앞에서 피하여 간 데 없더라 또 내가 보니 죽은 자들이 큰 자나 작은 자나 그 보좌 앞에 서 있는데 책들이 펴 있고 또 다른 책이 펴졌으니 곧 생명책이라 죽은 자들이 자기 행위를 따라 책들에 기록된 대로 심판을 받으니 바다가 그 가운데에서 죽은 자들을 내주고 또 사망과 음부도 그 가운데에서 죽은 자들을 내주매 각 사람이 자기의 행위대로 심판을 받고 사망과 음부도 불못에 던져지니 이것은 둘째 사망 곧 불못이라 누구든지 생명책에 기록되지 못한 자는 불못에 던져지더라"(계20:11-15)

사람은 한번 죽는다고 끝나는 것이 아닙니다. 그 죽음 이후에 심판이 있고 다시 더 엄청난 죽음이 기다리고 있습니다. 첫 번째 죽음 이후에 또 다른 두 번째 죽음과 형벌이 있음을 알아야 합니다.

이생이면 일사란 무슨 뜻일까요? 자연인으로 태어난 사람이 예수 그리스도를 믿고 말씀과 성령으로 다시 태어나 하나님의 자녀가 되는 것을 우리는 거듭났다고 합니다.(요3:1-6) 거듭난 사람에게는 육체적인 죽음이후에도 형벌이 없습니다. 천사들이 있는 낙원에서 그 영혼이 안식을 누리게 됩니다.

삼생이면 불사입니다. 자연인으로 태어나 예수 그리스도를 믿고 거듭난 사람이 예수님이 다시 오시는 날 들려 올림받게 되면 그는 영생합니다. 이 사건을 우리는 휴거라고 합니다.

"형제들아 자는 자들에 관하여는 너희가 알지 못함을 우리가 원하지 아니하노니 이는 소망 없는 다른 이와 같이 슬퍼하지 않게 하려 함이라 우리가 예수께서 죽으셨다가 다시 살아나심을 믿을진대 이와 같이 예수 안에서 자는 자들도 하나님이 그와 함께 데리고 오시리라 우리가 주의 말씀으로 너희에게 이것을 말하노니 주께서 강림하실 때까지 우리 살아남아 있는 자도 자는 자보다 결코 앞서지 못하리라 주께서 호령과 천사장의 소리와 하나님의 나팔 소리로 친히 하늘로부터 강림하시리니 그리스도 안에서 죽은 자들이 먼저 일어나고 그 후에 우리 살아남은 자들도 그들과 함께 구름 속으로 끌어 올려 공중에서 주를 영접하게 하시리니 그리하여 우리가 항상 주와 함께 있으리라 그러므로 이러한 말로 서로 위로하라"(살전4:13-18)

우리들에게는 육의 몸이 있고 영의 몸이 있습니다. 육의 몸은 죽고 흙으로 돌아가지만 영의 몸은 죽지 않고 영원히 삽니다. 그래서 삼생이면 불사입니다. 반드시 우리는 예수 그리스도 안에서 거듭나야 합니다. 그렇게 되면 예수님이 두 번째 다시 나타나실 때 우리는 두려움 없이 주님을 맞이하게 됩니다.

2) 거듭난 이후 신앙생활에서 이루어지는 구원(성화)

(1) 성령님과 구원

사람은 반드시 거듭나야 합니다. 거듭나야 육체는 죽어도 영혼이 살고 영혼이 산 인간들은 주님이 재림하실 때 영원한 천국으로 인도함을 받습니다.

거듭남은 물과 성령에 의해 다시 태어나는 것입니다. 성경적으로 보면 이 거듭남은 하나님의 말씀을 듣고 믿어 죄를 씻어 성결하게 되고 하나님의 자녀가 될 때 성령께서 하나님의 자녀로 인을 치시는 것입니다.

성경을 통해 확인해 보면

"그 안에서 너희도 진리의 말씀 곧 너희의 구원의 복음을 듣고 그 안에서 또한 믿어 약속의 성령으로 인치심을 받았으니 이는 우리 기업의 보증이 되사 그 얻으신 것을 속량하시고 그의 영광을 찬송하게 하려 하심이라"(엡1:13-14)

13절의 말씀처럼 하나님의 말씀을 듣고 믿으면 창조적인 능력을 가지신 하나님의 말씀이 사람들 안에 그 기능을 상실하고 죽어 있던 영을 깨워 그 말씀을 믿고 받아들이는 자들을 하나님의 자녀로 인정하십니다.

"영접하는 자 곧 그 이름을 믿는 자들에게는 하나님의 자녀가 되는 권세를 주셨으니 이는 혈통으로나 육정으로나 사람의 뜻으로 나지 아니하고 오직 하나님께로부터 난 자들이니라"(요1:12-13)

하나님의 말씀을 듣고 예수 그리스도를 주님으로 믿고 영접하면 하나님의 자녀가 됩니다.

> "네가 만일 네 입으로 예수를 주로 시인하며 또 하나님께서 그를 죽은 자 가운데서 살리신 것을 네 마음에 믿으면 구원을 받으리라 사람이 마음으로 믿어 의에 이르고 입으로 시인하여 구원에 이르느니라"(롬10:9-10)

물과 성령으로 거듭나는 것은 하나님의 말씀을 듣고 죄의 길에서 돌이켜 예수 그리스도의 이름으로 세례를 받고 하나님의 자녀로 사는 것입니다.

> "베드로가 이르되 너희가 회개하여 각각 예수 그리스도의 이름으로 세례를 받고 죄 사함을 받으라 그리하면 성령의 선물을 받으리니"(행 2:38)

예수님을 믿어 죄 사함 받고 하나님의 자녀가 된 사람들에게는 하나님의 성령께서 선물을 주십니다.

거듭남 이후에는 성령께서 우리 마음 안에 함께 계시게 됩니다. 이것을 우리는 성령 내주라고 합니다. 하나님의 진리를 깨닫게 되며 세상이 주는 것 같지 않은 하나님이 주시는 평안을 얻게 됩니다.

> "내가 아버지께 구하겠으니 그가 또 다른 보혜사를 너희에게 주사 영원토록 너희와 함께 있게 하리니 그는 진리의 영이라 세상은 능히 그를 받지 못하나니 이는 그를 보지도 못하고 알지도 못함이라 그러나 너희는 그를 아나니 그는 너희와 함께 거하심이요 또 너희 속에 계시겠음이라"(요14:16-17)

성령님은 하나님의 자녀가 된 우리와 함께 하시는 진리의 영이시며 우리를 도우시는 하나님의 영이십니다. 성령의 내주라는 말은 성령께서 우리 속 곧 우리 마음 안에 계신다는 뜻입니다. 성령께서는 우리에게 진리를 깨닫게 하실 뿐만 아니라 세상이 주지 않는 하나님의 평안을 주십니다.

> "보혜사 곧 아버지께서 내 이름으로 보내실 성령 그가 너희에게 모든 것을 가르치고 내가 너희에게 말한 모든 것을 생각나게 하리라 평안을 너희에게 끼치노니 곧 나의 평안을 너희에게 주노라 내가 너희에게 주는 것은 세상이 주는 것과 같지 아니하니라 너희는 마음에 근심하지도 말고 두려워하지도 말라"(요14:26-27)

성령께서 우리 안에 거하시는 시간이 더 많아지면 많아질수록 성령 충만의 역사가 나타납니다. 성령 충만하면 내적으로는 인격적인 변화와 함께 성령님의 열매가 맺어지고 외적으로는 성령님의 은사가 나타납니다.

그래서 성경은 성령 충만을 받으라고 권면합니다.

> "술 취하지 말라 이는 방탕한 것이니 오직 성령으로 충만함을 받으라"(엡5:18)

성령 충만하면 그 인격 안에서 열매를 맺습니다.

> "오직 성령의 열매는 사랑과 희락과 화평과 오래 참음과 자비와 양선과 충성과 온유와 절제니 이 같은 것을 금지할 법이 없느니라. 그리스도 예수의 사람들은 육체와 함께 그 정욕과 탐심을 십자가에 못 박았느니라"(갈5:22-24)

성령 충만하면 그 마음이 하나님의 사랑의 마음으로 바꾸어지고 그 마음속에 에덴의 행복이 회복됩니다. 모든 것들과 조화를 이루는 평화를 추구하며 참된 소망을 가지고 오래 참게 되며 이웃들을 향한 자비와 선을 행하게 됩니다. 그리고 오로지 한 마음으로 주님을 섬기며 온유한 마음으로 이 땅을 다스리게 되며 삶을 절제함으로 질서 있는 인생을 살게 됩니다.

성령 충만은 외적으로는 하나님의 선물인 은사를 나타냅니다.

"각 사람에게 성령을 나타내심은 유익하게 하려 하심이라 어떤 사 람에게는 성령으로 말미암아 지혜의 말씀을, 어떤 사람에게는 같은 성령을 따라 지식의 말씀을, 다른 사람에게는 같은 성령으로 믿음을, 어떤 사람에게는 한 성령으로 병 고치는 은사를, 어떤 사람에게는 능 력 행함을, 어떤 사람에게는 예언함을, 어떤 사람에게는 영들 분별함 을, 다른 사람에게는 각종 방언 말함을, 어떤 사람에게는 방언들 통역 함을 주시나니 이 모든 일은 같은 한 성령이 행하사 그의 뜻대로 각 사람에게 나누어 주시는 것이니라"(고전 12:7-11)

은사는 성령 하나님께서 그 사람을 도구로 스스로를 나타내 시는 것입니다. 그러므로 성령을 받으면 옳고 그른 것을 분별하 는 지혜가 생기고 어떤 일을 할 수 있는 지식이 생겨납니다. 그리고 참된 영과 거짓 영을 분별할 줄 아는 영분별의 은사가 나타납니다.

성령 충만하면 하나님과 대화할 수 있는 방언이 터지고 그 방언의 뜻이 무엇인지 알게 되어 하나님의 뜻을 전하는 예언의 역사가 나타납니다.

사도행전 2장에 나타난 방언의 역사는 방언 통역과 예언의 역사로 나타났습니다. 성령 충만하면 하나님을 굳건하게 믿는 믿음이 생겨납니다. 그래서 믿음은 하나님의 선물입니다.

"너희는 그 은혜에 의하여 믿음으로 말미암아 구원을 받았으니 이것은 너희에게서 난 것이 아니요 하나님의 선물이라"(엡2:8)

성령 충만하면 성령께서 주시는 그 믿음에 근거하여 능력을 행하고 병을 고치는 은사가 나타납니다.

그래서 우리는 성령 충만을 사모합니다. 성령 충만은 내 인생의 그릇 속에 내 마음속에 성령님으로 가득한 것을 말합니다.

거듭난 이후 성령께서는 우리 안에 거하시면서 하나님의 일을 알게 하십니다.

하나님을 알고 하나님의 마음을 알고 하나님의 인도하심을 받습니다. 내 안과 밖의 모든 것이 성령 안에 있는 것입니다. 시편 23편에서 다윗은 주께서 내 머리에 기름을 부으셨으니 내 잔이 넘치나이다라고 고백합니다.

성령의 감동은 새로운 눈을 뜨게 하고 새로운 세상을 보게 합니다. 바울은 성령의 감동으로 하나님이 계신 삼층천을 보았으며 사도 요한은 밧모섬에서 마지막 시대의 계시를 받고 천국을 보았습니다.

"내가 그리스도 안에 있는 한 사람을 아노니 그는 십사 년 전에 셋째 하늘에 이끌려 간 자라 (그가 몸 안에 있었는지 몸 밖에 있었는지 나는 모르거니와 하나님은 아시느니라) 내가 이런 사람을 아노니 (그가 몸 안에 있었는지 몸 밖에 있었는지 나는 모르거니와 하나님은 아시느니라) 그가 낙원으로 이끌려 가서 말로 표현할 수 없는 말을 들었으니 사람이 가히 이르지 못할 말이로다"(고전12:2-4)

"내가 곧 성령에 감동되었더니 보라 하늘에 보좌를 베풀었고 그 보좌 위에 앉으신 이가 있는데 앉으신 이의 모양이 벽옥과 홍보석 같고 또 무지개가 있어 보좌에 둘렸는데 그 모양이 녹보석 같더라"(계4:2-3)

그러므로 우리는 하나님의 말씀과 성령으로 거듭나야 합니다. 거듭나면 하나님의 자녀가 되고 하나님의 자녀답게 살 수 있는 능력이 생기고 영원한 천국의 주인공이 됩니다. 거듭남으로 성령님이 함께 하시는 은혜를 사모합시다.

(2) 깨달음과 구원

하나님께서 인간을 창조하실 때 흙으로 사람을 지으시고 그 코에 생기를 불어 넣으심으로 사람은 살아 있는 인격적인 존재가 되었습니다.(창2:7) 성경은 살아 있는 사람의 중심을 혼이라고 합니다.

이 혼을 사람이라 하기도 하고 속이나 속사람 혹은 마음으로 표현합니다. 혼은 인간의 인격으로 나타나는데 그 핵심은 마음속에 있는 생각입니다. 그래서 사람의 마음인 이 혼이 구원을 받아야 성도들은 하나님이 주시는 영생과 더불어 이생에서의 축복과 행복을 누릴 수 있습니다.

"좋은 땅에 있다는 것은 착하고 좋은 마음으로 말씀을 듣고 지키어 인내로 결실하는 자니라"(눅8:15)

종교는 사람을 사람답게 살게 하고 죽음이라고 하는 인간의 근본적인 문제에 대한 해답을 주어야 합니다. 그러나 기독교를 제외한 거의 모든 종교는 창조주이신 하나님을 인정하지 않기 때문에 주로 이 혼의 영역에서 존재한다고 생각하는 마음으로 인간 스스로를 구원하려 노력합니다.

그러나 하나님을 인정하지 않는 상태에서 인간의 온전한 구원은 이루어지지 않습니다. 왜냐하면 인간은 마음을 가진 혼적인 존재이기 이전에 하나님께로부터 오는 생명의 숨을 받은 영적인 존재이기 때문입니다.

인간의 영과 더불어 혼도 분명히 구원을 받아야 합니다. 그래야 사람이 사람답게 살고 인간적인 행복과 평안을 누릴 수 있습니다.

그러면 어떻게 해야 인간의 속사람 곧 혼은 구원을 받을 수 있을까요?

일체 유심조란 말이 있습니다. 무슨 뜻입니까? 모든 것이 마음에서 비롯된다는 것입니다. 성경에도 잠언 4장 23절에 똑같은 말씀이 있습니다. "무릇 지킬만한 것보다 더욱 네 마음을 지키라 네가 살아가는 동안 일어나는 모든 문제들이 그 마음에서 비롯됨 이니라"

창조주이신 하나님이 없다고 생각하는 사람들에게는 이 세상 모든 일들이 마음에서 시작되고 마음에서 비롯된다고 생각합니다. 그들은 인간의 몸이 우리의 실체가 아니라 마음이 인간의 본체라고 생각합니다. 그리고 더 나아가 이 우주 전체와 하나 되는 것이 마음이라고도 합니다.

육체보다 마음을 더 중요하게 생각하는 이 가르침은 영육이원론을 주장하던 영지주의자들의 주장과 상당히 비슷합니다. 영지주의자들은 영은 선한 것이고 육은 악한 것이며 영혼이 육체에 갇혀 있다고 생각했습니다. 그러나 인간의 삶에는 영혼과 육체가 다 소중한 것입니다.

불교에서는 그 마음이 인간의 본체요 참된 자아인 것을 깨닫는 것이 구원이요 부처라고 합니다. 부처란 말은 깨달은 자라는 뜻입니다. 무엇을 깨달았다는 것입니까? 몸이 아닌 마음이 인간의 본체라는 것을 깨달았다는 것입니다. 그래서 모든 사람에게는 마음이 있기 때문에 모두가 부처가 된다고 하는 것입니다.

이런 가르침을 따르는 사람들은 몸과 마음의 수행을 통해 마음을 바로 다스려 번뇌에서 벗어나고 마음을 바로 세워 평상심을 유지하게 되면 육체를 가진 몸으로 과거와 이생과 내생에서 계속 반복되는 윤회의 고통에서 벗어나게 되고 해탈하게 되어 구원에 이른다고 생각합니다.

그래서 그들은 우주가 곧 내 마음이기 때문에 세상 모든 만물은 내 마음에 있다고 하면 있고 없다고 하면 없는 것이라고 합니다. 그러나 어찌 있는 것을 없다고 한들 없어지겠으며 없는 것을 있다고 한들 있겠습니까?

창조주이신 하나님께서 사람들이 있다고 하면 있고 없다고 하면 없는 분이겠습니까? 하나님은 어떤 피조물이 있다고 하든 없다고 하든 영원히 항상 존재하시는 창조주요 전능하신 하나님 이십니다. 그래서 우리는 창조주이신 하나님과의 바른 관계를 회복해야만 참된 구원을 이룰 수 있는 것입니다.

(가) 무념(無念, 존재) : 삶에 대한 성찰과 긍정과 미래를 향해 나아감

무념이 무엇입니까? 무념은 현재의 자신을 있는 그대로 인정하고 받아들이는 것입니다. 과거로부터 비롯되어 오늘 존재하는 것이 나라는 사실을 받아들이는 것입니다. 과거를 부정하는 것이 무념이 아닙니다.

지금의 나를 과거의 나와 단절시키는 것이 아니라 과거의 삶에 대한 깊은 성찰 속에서 회개하며 버릴 것은 버리고 씻을 것은 씻되 지금의 나를 있는 그대로 받아들이는 무한한 긍정이 무념입니다. 긍정은 무조건 좋다는 것이 아니라 있는 그대로를 있는 그대로의 실상으로 받아들이는 것입니다.

지금의 나는 태어날 때부터 과거의 나에서 시작했습니다. 태어나면서부터 지금까지 살아오는 동안 내 삶에는 많은 실수와 실패의 경험이 있고 또 많은 상처들도 있습니다. 바로 그 모든 것들에서 비롯된 지식과 경험과 선택의 결과가 오늘의 나입니다.

이 사실을 겸허히 인정해야 합니다. 그리고 그 모든 상처 속에서 성장해 온 나에 대한 애정을 회복하고 내가 나를 받아주고 '그래, 괜찮아!' 하고 인정해주어야 합니다.

그리고 바로 그 시점에서 오늘의 나로 다시 시작해서 내일로 나아가는 나로 그 마음을 바꾸는 것이 무념입니다.

무념은 있는 그대로의 오늘의 나로부터 새 출발하는 마음입니다. 분명 지금의 나는 과거로부터 시작되어 지금까지 이루어진 모든 것들의 총화입니다. 그러나 그 모든 과거가 내 인생의 미래까지 결정하는 것은 아닙니다. 생각해보면 우리의 인생은 날마다의 윤회 속에서 이루어집니다.

어제가 과거라면 오늘은 현재요 내일은 미래입니다. 어제 오늘 내일은 고착된 상태가 아니라 매일 그 모습을 바꾸어 오늘이 과거가 되고 내일이 현재가 되고 또 내일이 현재가 됩니다. 우리 몸 안에 있는 모든 세포가 그 조직을 완전히 바꾸려면 7년이 걸리는데 7년이 지나면 과거의 내 몸은 없고 완전히 새로운 몸이 됩니다.

하루는 7만 6천 400초입니다. 매 순간으로 보면 우리는 하루에도 수만 번의 윤회를 경험하고 있고 10년이면 수십만 번의 윤회를 경험합니다. 그러므로 내 마음속에서 또 내 생각 속에서 그 모든 과거를 생각의 원점에서 지운다고 과거가 사라지는 것은 아닙니다.

그러므로 기독교인의 관점에서는 억지로 과거를 지우려고 하지 말아야 합니다. 오히려 그 과거에서 시작하여 지금 현존하고 있는 나를 나로 인정하고 바로 바라봐야 합니다. 그리고 그와 동시에 현재의 내 마음이 과거에서부터 시작하고 결정된 지금의 나에 머무르도록 하지 말아야 합니다.

무념은 과거의 자기로부터 돌아서서 현재의 자신의 존재에 대한 용서와 화해와 받아들임과 더불어 새로운 미래로 나아가는 것입니다. 지금 내 마음에 현존하고 있는 나 자신의 과거에 대한 모든 것을 있는 그대로 인정하고 현존하는 나를 진짜 나로 받아들이며 긍정해야 합니다.

그러므로 무념은 내가 누구인지, 나는 어디에서 온 존재인지에 대한 숙명론이나 운명론적인 결정론에서 벗어나게 합니다. 운명론이나 숙명론으로 자신을 바라보는 이 생각의 뿌리를 우리는 윤회(輪廻)라고 합니다.

이 윤회의 원관념은 고대 사회에서 농사나 목축을 하는 사람들이 자연의 순환이라는 관점에서 서로의 필요를 채워주는 유기적인 존재로서 신과 자연과 인간의 관계를 설명하기 위한 것이었습니다.

고대 신화의 세계에 등장하는 윤회는 이런 것입니다. 사람들이 목축이나 농사를 짓기 위해서는 땅에 비가 내려야 합니다. 그러려면 하늘의 신들이 역사해야 합니다. 신들이 역사하도록 하기 위해 사람들이 하는 행위가 제사입니다.

그래서 사람들이 음식을 차려놓고 제사를 하면 하늘의 신들이 그 제사 음식을 먹고 힘을 내서 땅에 비를 내립니다. 비가 내리면 땅에 씨를 뿌려 곡식을 키우고 또 땅에 풀이 자라나 짐승들이 그 풀을 먹고 자라게 됩니다.

그러면 다시 그 곡식이나 짐승들을 사람들이 먹게 됩니다. 이일들이 반복되는 것이 윤회입니다. 이렇게 창조된 세계 안에서 자연 현상에 대한 순환적이고 상호 의존적인 관계를 설명하는 것이 고대의 윤회에 대한 기본적인 사상입니다. 그런데 그 소박한 윤회 사상이 사람들에 의해 사회 집단과 국가를 형성하기 시작하면서부터 정치와 결합이 됩니다. 특히 힌두교를 신봉하는 국가들에서는 이 윤회 사상이 한 사회를 네 계급으로 나누고 지배자와 피지배자의 오늘의 현재를 고착화하고 정당화시키는 사상적인 도구로 바뀌어졌습니다. 즉 윤회에 의해 전생의 삶이 현재의 삶을 만들었으니 피지배자는 그것을 받아들이고 지배자에게 순종하라는 것입니다.

이것이 철학적으로 종교적으로 더 고도로 세련되게 발전하면서 십이 연기설에 의한 인간의 삶과 죽음을 설명하는 내용으로까지 나아가게 된 것입니다. 그러므로 이루었다는 뜻의 싯다르타 곧 석가의 모든 사람 안에 불성이 있고 깨달으면 누구나 부처가 된다는 가르침은 인과론을 통해 사람을 인위적으로 계급을 나누고 권력과 부를 독점하는 세상을 뒤집는 혁명적인 가르침입니다.

석가는 그 사람이 어떤 계급에 속해 있든지 누구나 그 사람의 마음 안에 있는 인간의 본체인 마음 안에 있는 불성을 깨달으면 부처가 된다고 했습니다. 만민평등사상입니다.

이 석가모니의 사상은 숙명론적인 윤회 사상으로 사회를 통제하던 그 시대에는 그 사회와 국가 체제의 근본을 뒤흔드는 가장 혁명적인 사회 개조 이론입니다.

그런데 오늘날에는 똑같은 해탈을 말하면서도 불평등하고 부조리한 현실을 개혁하고자 했던 석가가 말한 모든 사람의 마음 속에 있는 불성을 깨달음으로 계급이나 계층에 상관없이 윤회에서 벗어난다는 그 해탈의 의미, 즉 보편적 인류에 대한 평등과 사랑의 실천이 많이 퇴색되어 있습니다. 그 이유는 그 모든 사상의 연구와 실천을 사회 전체보다는 각 개인 개인의 실존과 구원에 너무 집중했기 때문입니다.

무념은 인간의 삶에서 일어나는 생로병사가 고통이 아니라는 것을 알게 합니다. 진정한 무념은 우리들의 인생의 첫 출발점인 탄생이 하나님의 축복으로 된 것을 알게 합니다.

하나님이 없는 세상에서 무념은 삶의 출발점이 끊임없는 인연의 결과로 되어진 것이라고 말합니다. 그러나 인간은 윤회의 산물이 아닙니다. 인간은 하나님의 형상 곧 하나님의 마음을 닮은 축복받은 존재로 세상에 태어납니다. 그래서 삶은 그가 누구라고 하더라도 그 자체가 축복입니다.

아무리 뛰어난 인간이라도 인간은 피조물이며 7차원의 존재이기 때문에 스스로의 노력으로 어떤 깨달음을 가진다고 해도 10차원에 계시는 하나님과 같은 신이 될 수 없습니다.

창조주 하나님을 인정하지 않는 종교나 인간의 철학은 피조물인 인간이 창조주를 인정하지 않고 세상에서의 인간 구원을 말한다는 점에 그 가르침의 분명한 한계가 있습니다.

끊임없는 수행을 통해 인간 구원을 추구하는 사람들은 사람들이 몸이 아닌 마음이 진짜 자기라는 사실을 모르는 무지한 상태에서 벗어나지 못하고 있다고 말합니다.

그들은 계속 마음속에 일어나는 생각을 통해 어둠의 구름을 벗어버리지 못한 것들을 밝음이 없는 무명의 상태라고 합니다. 그래서 그들은 마음의 수행을 통해 사람의 마음에서 일어나는 그 생각의 첫 출발점에서 그 생각의 끈을 끊어서 그 문제를 정리하고 마음의 평화를 찾아 그 무명의 상태에서 벗어나면 해탈할 수 있다고 말합니다. 그러나 그 누가 수행을 통해 마음에 있는 모든 생각의 원점에서 그 생각의 뿌리를 잘라낼 수 있겠습니까?

인류 최고의 지혜자로 인정받는 솔로몬은 이렇게 말합니다.

> "다윗의 아들 예루살렘 왕 전도자의 말씀이라 전도자가 이르되 헛되고 헛되며 헛되고 헛되니 모든 것이 헛되도다 해 아래에서 수고하는 모든 수고가 사람에게 무엇이 유익한가"(전1:1-3)

해 아래에서 라는 말은 하나님이 없는 세상에서라는 말입니다. 하나님이 없는 세상에서 되는 모든 일들은 영원한 것이 아니기 때문에 허무한 것입니다.

그래서 기독교적인 관점에서 이 무념을 다시 풀이해 보면 이렇습니다. 우리 기독교는 자연 순환과 같은 의존적 관계가 있다는 것은 분명히 인정합니다. 그러나 그 의존적 관계를 우리는 창조주이신 하나님과의 관계에서 바라보고 설명합니다.

성경의 가르침에 기초한 기독교는 창조된 세상 안에서 모든 만물이 영원히 다시 순환하며 존재한다는 윤회사상이나 타고난

운명에 의해 인간의 삶이 결정된다는 숙명론이나 운명론적인 결정론을 거부합니다.

하나님의 은총 가운데 구원받은 지금의 나는 예수 그리스도 안에서 새로운 피조물입니다.(고후5:17) 영원한 미래를 향해 나아가는 영적인 존재입니다.

어제로부터 와서 된 지금의 나는 소중한 존재입니다. 과거가 없었다면 지금의 나도 없습니다. 그래서 과거와 오늘은 소중합니다. 그러나 그보다 더 중요한 것은 이제부터 예수 그리스도 안에서 이루어지는 내 삶의 선택과 결정과 실천을 통해 더 나은 모습으로 오늘을 살아가는 나이며 영원한 미래에 영광의 모습으로 나타나게 될 미래의 나입니다.

진정한 무념은 우리의 생각의 폭을 한없이 넓혀줍니다. 하나님의 관점에서 나를 바라보기 때문에 무한대의 하나님의 세계에서부터 무한히 적은 무한소의 세계까지 보게 합니다. 무념은 하나님의 은총의 세계로 우리를 인도합니다.

무념으로 바라보는 기독교인의 영원을 향한 새로운 삶의 출발은 예수님의 십자가 사건입니다. 예수님의 십자가 사건은 그 흘리신 피로 우리 인생의 모든 죄에서 우리를 해방시켜 주셨습니다.(엡1:7, 계1:5)

그리고 이 일은 단번에 이루어진 일이요 그 피의 능력은 영원한 것입니다.

"그리스도께서는 장래 좋은 일의 대제사장으로 오사 손으로 짓지 아니한 것 곧 이 창조에 속하지 아니한 더 크고 온전한 장막으로 말미암아 염소와 송아지의 피로 하지 아니하고 오직 자기의 피로 영원한 속죄를 이루사 단번에 성소에 들어가셨느니라"(히9:11-12)

이것을 우리는 하나님의 구원의 은혜요 은총이라고 합니다.

"이는 그리스도 예수 안에서 우리에게 자비하심으로써 그 은혜의 지극히 풍성함을 오는 여러 세대에 나타내려 하심이라 너희는 그 은혜에 의하여 믿음으로 말미암아 구원을 받았으니 이것은 너희에게서 난 것이 아니요 하나님의 선물이라"(엡2:7-8)

예수님의 십자가 사건에 근거해서 우리는 실체로는 오늘에 존재하는 나를 내 모습 그대로 받아들일 수 있습니다. 내 인생의 고뇌와 아픔과 한계를 하나님이 예수님이 십자가에서 있는 그대로 받아 주셨습니다. 그리고 예수 그리스도 안에서 새로운 미래를 열어 주셨습니다.

그래서 우리는 과거에 속한 나, 지금에 집착하고 머무를 이유가 없습니다. 하나님의 은총 가운데 있는 그대로의 나를 받아들이고 예수 그리스도 안에서 새로운 미래를 향해 출발합니다.

이렇게 기독교적안 관점에서 보는 무념은 스스로 죄와 실존적 한계 속에 갇혀 있는 나 자신에 대한 애증과 집착에서 벗어나는 것입니다.

무념은 유한한 세계 안에 사랑과 생명으로 역사하시며 그 유한함의 모든 것들을 초월하여 무한함 속에 존재하시는 창조주요 영원하신 하나님과의 관계 속에 있는 나를 생각하는 것입니다.

무념은 내 마음 안에서 고통과 아픔으로 존재하던 지금까지의 나를 비워내고 무한의 세계 속에서 유한함을 주관하시는 하나님의 은총 안에 있는 나로 새 출발하는 것입니다. 이것이 기독교적인 신앙이요 진정한 무념입니다. 과거에서 비롯된 현재의 나에 마무르지 않고 하나님 안에서 영원한 미래를 향해 지금 다시 시작하는 것이 무념의 신앙입니다.

하나님의 은총의 세계인 이 무념은 묵언직관과 무언 수행을 통해 좀 더 깊이 체험할 수 있습니다. 고요한 침묵 속에서 있는 그대로의 나를 바라보고 사물을 있는 그대로 관조하는 묵언직관의 눈이 열리면 과거에 사로잡혀 있던 나나 오늘에 집착하는 내가 얼마나 허망한 존재인지를 알게 됩니다.

그리고 과거에 묶여있거나 현재에 집착하고 있는 내가 진짜 내가 아니라 하나님이 주시는 은총 안에 있는 내가 진짜 나라는 사실을 알게 됩니다.

묵언직관을 통해 나를 바라보게 되고 있는 그대로의 나를 나로 인정하면 내 마음속에 있던 열등감과 분노와 슬픔이 사라집니다. 또한 정념직시는 내 존재를 창조 때와 같은 순수하고 아름다운 모습의 나로 보게 합니다.

사람은 누구에게나 살고 싶은 인생이 있고 지금 살아가는 인생이 있습니다.

그런데 그 두 가지가 일치하지 않기 때문에 우리들의 인생에는 겉으로 드러나지 않는 많은 아픔과 고통이 있고 분노와 슬픔이 있습니다. 그래서 하나님의 은총의 빛 가운데에서 자신을 바라보는 묵언직관과 무언수행이 필요합니다.

마음의 눈을 뜨고 그 무한한 은총의 세계 속에 있는 나를 발견하면 그때 우리는 마치 번데기가 고치를 벗고 나비로 다시 태어난 것과 같이 마음속에 있는 고통과 아픔과 열등감과 분노와 슬픔을 벗어나 하나님의 은총 안에서 새로 태어난 내가 보이게 됩니다.

사람들은 시각과 청각과 촉각을 통해 감각을 형성합니다. 그 감각은 계속적인 경험과 학습을 통해 지각을 형성하고 그 지각은 다시 인간의 내면에 있는 마음에서 생각을 만들어 냅니다. 이 생각이 표현되는 것이 인간의 말과 행동입니다. 그러므로 사람이 말하는 것을 들어보면 생각을 알게 됩니다.

묵언직관은 육신의 눈으로 보이는 것만이 실재하는 것이 아니라는 것을 알게 합니다. 침묵하는 가운데 보다 더 본질적인 것을 추구하는 것이 묵언직관입니다. 이것은 무언 수련을 통해 더 깊은 은총의 세계로 우리를 인도합니다.

사람의 말은 그 사람의 지식과 경험과 생각을 넘어서지 못합니다. 그러기에 무언의 실천은 자신의 경험과 지식을 넘어서는 새로운 언어의 세계로 우리들을 초대합니다. 이것이 성경에서 말씀하는 참된 방언입니다.(고전14장) 신비한 언어의 체험입니다.

바울은 셋째 하늘에서 이 말을 들었고(고후12장) 요한은 밧모섬에서 성령 안에 있게 되었을 때 이 음성을 들었습니다. 묵언직관과 무언 수행을 통해 이 깊고 깊은 하나님의 은총의 세계에 들어가시기 바랍니다.

이 무념의 세계 속에 들어가는 신앙적인 수련은 골방기도와 부르짖는 기도 속에서 이루어집니다. 예수님은 이렇게 말씀하셨습니다.

"너는 기도할 때에 네 골방에 들어가 문을 닫고 은밀한 중에 계신

네 아버지께 기도하라 은밀한 중에 보시는 네 아버지께서 갚으시리라"(마6:6)

골방 기도는 하나님과 독대하는 기도입니다. 골방 기도는 오로지 한마음과 한 몸으로 전심전력하여 드리는 기도입니다. 이 기도가 단심기도입니다. 그 기도 속에서 하나님은 어떤 분인지 나는 누구인지를 바로 알게 됩니다. 이 기도는 부르짖는 기도로 나아가게 합니다. 부르짖는 기도는 하나님의 놀라운 은총의 세계로 우리를 초대합니다. 성경은 이렇게 말씀합니다.

"일을 행하시는 여호와, 그것을 만들며 성취하시는 여호와, 그의 이름을 여호와라 하는 이가 이와 같이 이르시도다 너는 내게 부르짖으라 내가 네게 응답하겠고 네가 알지 못하는 크고 은밀한 일을 네게 보이리라"(렘33:2-3)

부르짖는 기도는 하나님의 자비를 구하는 기도입니다. 성령께서는 골방기도와 부르짖는 기도를 통해 우리가 하나님이 우리의 아버지요 우리가 하나님의 자녀임을 알게 됩니다.

"무릇 하나님의 영으로 인도함을 받는 사람은 곧 하나님의 아들이라 너희는 다시 무서워하는 종의 영을 받지 아니하고 양자의 영을 받

앉으므로 우리가 아빠 아버지라고 부르짖느니라"(롬8:14-15)

골방기도와 부르짖는 기도는 토고납신의 호흡과 같습니다. 숨쉬는 일은 먼저 내 안에 있는 탁한 것을 내뱉고 새로운 생명의 기운이 들어오도록 하는 것입니다. 그래서 우리는 이 무념의 상태에서 잡다한 생각을 그만두게 됩니다. 그리고 마음을 어둡게 하는 모든 것들을 버리고 비워 마음을 청결하게 합니다.

따라서 무념의 마음을 가지려면 숨은 느릴수록 좋습니다. 한껏 내뱉고 한껏 들이쉴 수 있어야 합니다. 호흡은 내쉴 호 들이마실 흡 입니다. 그러므로 이 토고납십의 호흡은 "주여!" 하면서 입으로 탁한 기운을 내뱉고 "아멘" 하면서 코로 생기를 들이마시는 기도와 호흡을 하면 됩니다. 이 호흡은 그 삶의 질이 깊어지게 하고 그 숨이 길어지게 합니다.

사람의 삶과 죽음은 호흡의 빠르고 느림에 따라 결정됩니다. 성령의 도우심 가운데 이루어지는 긴 호흡 가운데 숨을 내쉬고 들이마신 것이 일상화 되면 우리는 하나님의 영원한 생명의 충만함을 얻게 됩니다.

(나) 무상(無想, 관계) : 찬송과 무한 감사

무념 다음이 무엇입니까? 무상입니다. 무상은 실체적으로 존재하는 내 존재와 관계된 모든 것들에 대해 감사하는 마음을 가지는 것입니다. 나는 우연히 홀로 존재하는 것이 아닙니다. 창조주 하나님과 주변에 있는 모든 사물과 사람들과 관계를 맺으며 살아갑니다.

그러므로 참된 무상은 주변의 모든 것들과의 인연을 끊는 것이 아닙니다. 오히려 좁은 혈연이나 지연이나 학연에 메이지 않고 주변에 있는 모든 사물들과 사람들을 더 폭넓게 포용하고 받아들이며 감사하는 마음이 기독교적인 무상입니다.

무상은 좁은 마음으로 관계되어 있던 모든 사물이나 사람들과의 관계 속에서 보여 지는 나에 대한 일체의 생각에서 벗어나 말로 다 표현할 수 없는 하나님과의 관계 안에 있는 나를 먼저 생각합니다.

그 눈으로 세상을 보고 사람을 보면 그 순간 나는 어떤 사물이나 어떤 사람과의 관계 속에 어떤 모습으로 존재하는 지를 바로 알게 됩니다.

사람은 홀로 있는 고독한 존재가 아닙니다. 기독교적인 관점에서 보면 이 무상은 마음의 눈을 열어주어 주변의 사물이나 사람들과의 관계를 좁고 유한한 관점에서 보지 않고 좀 더 넓고 깊이 이해하게 합니다.

무상은 실존적 자아를 발견하기 위해 모든 관계를 끊거나 버리는 것이 아닙니다. 참된 무상은 오히려 기존의 모든 관계를 더 소중히 하면서 창조 원리에 따라 생육하고 번성하면서 더 넓은 세상을 살게 합니다.

무념과 함께 무상은 유한한 세계 속에서 맺어온 모든 인연을 넘어서는 영원하고도 무한한 인연 속에 있는 나를 발견하게 합니다.

이 무상 안에서 인간은 한계적 존재로서의 나 홀로의 존재가 아닌 자연 만물과 주변 사람들과 더불어 사는 존재가 되고 더 나아가 그 한계까지 넘어서서 영원과 함께 하는 존재가 됩니다.

무상은 창조주이신 하나님을 찬양하게 하고 오늘의 나를 있게 해 주신 부모님께 감사하며 자신과 주변의 모든 사물과 사람들에게 감사하며 하나가 되는 무애 자연의 마음을 갖게 합니다. 이것이 바로 기독교적인 무상의 마음입니다.

무념을 통해 자신을 받아들이고 자신을 용서하고 새 출발 할 수 있게 되었다면 참된 무상은 오늘의 자신이 있게 한 하나님께 찬양하고 과거로부터 지금까지 인연을 맺어 온 모든 사람들과 사물에 감사하는 마음을 갖게 합니다.

그리스도 예수 안에서 항상 기뻐하고 범사에 감사하며 쉬지 않고 기도할 수 있게 되는 것은 하나님과의 은총의 관계에 있는 나를 발견하고 그 은혜의 빛 아래에서 사람들과 사물을 품을 수 있게 되는 바로 이 무상의 마음을 갖게 될 때입니다.

저는 일찍 돌아가신 부모님에 대한 아쉬움이나 원망의 마음이 있었습니다. 그런데 어느 날 하나님께서 이 무상의 마음을 갖게 하신 후에 이 무상의 마음으로 부모님들을 생각하게 되었습니다.

그때 알게 된 것은 그 분들 때문에 오늘의 내가 있음을 분명하게 알게 되었습니다. 그때 저는 부모님들에 대한 아쉬움과 원망의 마음을 비로소 버릴 수 있었고 오히려 부모님들에 대한 더 많은 그리움과 감사를 갖게 되었습니다.

창조주 하나님이 내 영혼의 아버지라면 부모님은 내게 육신을 주신 고마운 분들입니다. 그 은혜를 무엇으로 갚겠습니까?

무상은 하나님의 말씀에 대한 깊은 묵상과 하나님을 향한 찬양에서 체험할 수 있습니다. 하나님의 말씀인 성경 안에는 수많은 사람들의 인생에 관한 이야기들이 있습니다. 그 사람들의 인생의 성공과 실패에 관한 말씀들을 묵상하다 보면 오늘 내 인생의 자세를 새롭게 할 수 있습니다.

성경에 나오는 사람들의 모습을 바라보면 그들의 삶 속에서 드러나는 그들의 성공과 실패에 대한 이야기를 통해 하나님 앞에 있는 우리의 삶과 인간관계를 깊이 성찰하게 되고 우리의 삶을 새로운 모습으로 바꾸어 더 새롭게 앞을 향하여 나아가게 됩니다.

무상이 사회제도로 표현되는 것이 법과 질서입니다. 법은 원래 조화와 균형 견제를 통해 서로를 살리기 위해 만들어진 것입니다. 십계명이 그 대표적인 것으로 하나님과의 관계나 사람들과의 관계 속에서 이루어가야 할 무상의 원리를 가르쳐 줍니다.

무상의 마음을 가진 복 있는 사람은 하나님께 찬양하며 하나님의 말씀을 묵상하는 사람입니다. 성경은 이렇게 말씀합니다.

> "복 있는 사람은 악인들의 꾀를 따르지 아니하며 죄인들의 길에 서지 아니하며 오만한 자들의 자리에 앉지 아니하고 오직 여호와의 율법을 즐거워하여 그의 율법을 주야로 묵상하는도다 그는 시냇가에 심은 나무가 철을 따라 열매를 맺으며 그 잎사귀가 마르지 아니함 같으니 그가 하는 모든 일이 다 형통하리로다"(시1:1-3)

우리 인생의 모든 성공과 실패와 기쁨과 감사 그리고 슬픔과 고통은 하나님과의 관계나 인간관계에서 비롯된다는 사실을 항상 기억해야 합니다. 십계명은 그 관계가 우리의 인생에서 얼마나 소중한지를 핵심적인 내용을 요약해서 가르쳐 줍니다.(출 20:1-17)

(다) 무욕(無慾, 실천) : 내어줌과 나눔과 베풂

무념무상은 그 마음을 무욕으로 이끌어 갑니다. 무욕은 무엇입니까? 내가 가지고 있는 불필요한 것들을 버리는 것입니다. 무욕은 가지지 못한 자가 자신을 정당화하기 위한 것이 아닙니다.

가지지 못하고 태어났는데 이루고 싶은 욕망이 많은 사람들, 또 가진 것에 비해 책임져야 할 것이 많은 사람들은 작은 것이라도 쉽게 내려놓지 못합니다. 할 수없이 내려놓는 것은 무욕이 아닙니다.

생각해보면 우리 몸 안에는 항상 똥과 오줌이 차 있습니다. 날마다 버리지 않으면 몸이 제 기능을 할 수 없습니다. 그래서 우리는 날마다 내 몸 안에서 나와 함께 사는 똥과 오줌을 버리며 삽니다. 그것은 부자나 가난한 자의 차이가 없습니다. 있는 자도 버려야 살고 없는 자도 버려야 삽니다.

그런데 이렇게 살기 위해서 날마다 내 안에 있는 똥과 오줌은 버리면서도 내가 기지고 있는 필요 없는 것들은 버리려 하지 않습니다. 그래서 마음에 멍이 들고 몸에 병이 듭니다. 이것이 인간의 어리석은 탐욕입니다.

무욕은 무엇입니까? 무욕은 억지가 없는 마음입니다. 억지로 무엇인가에 머무르려 하거나 억지로 무엇인가를 이루려 하지 않는 것입니다.

무욕은 억지로 무엇인가를 가지려고 하거나 억지로 무엇인가 되려고 하거나 억지로 무엇인가를 하고자 하는 모든 헛된 욕망을 버리는 것입니다. 그리고 하나님의 사람으로서의 참된 행복을 추구하는 것이 무욕입니다.

육체를 가진 인간에게는 타고난 욕망이 있습니다. 이 욕망은 육체를 가지고 살아가는 동안 절제할 수는 있어도 버릴 수는 없습니다. 배고프면 먹고 싶고 피곤하면 자고 싶고 아름답고 멋진 이성을 보면 이끌리는 욕망이 있습니다.

이것은 육체를 가진 인간에게는 지극히 자연스러운 일입니다. 그러므로 사람답지 못한 죄를 짓지 않는 한 이 자연스러운 욕망을 절제는 하되 억지로 통제할 필요는 없습니다. 그것은 사람이 사람답게 살게 하는 정당한 욕망입니다. 무욕은 자신의 삶을 있는 그대로 자연스럽게 사는 것입니다.

무욕은 정당한 욕구를 억누르지 않습니다. 그러나 그 욕망이 자신의 정당한 욕구나 존재에 대한 필요 한계를 인정하지 않고 불필요한 탐욕이 되면 그 사람은 반드시 사람다운 모습을 잃어버리게 되고 인생 자체가 망하게 되어 있습니다. 그래서 하나님께서도 정당한 욕망은 허락하시지만 도를 넘어 탐욕을 부리는 것은 허락하시지 않습니다.

탐욕을 버리고 무욕으로 돌아가고자 하는 마음은 소중한 것입니다. 우리는 하나님의 은혜 안에 사는 지금의 내 존재와 또 함께 사는 이웃의 모든 것들에 감사하면서 살아야 합니다.

정당한 욕구를 충족시켜 주시는 하나님의 은혜에 감사하고 자신의 주어진 삶에 만족하면서 그 마음에서 억지로 하고자 하거나 갖고자 하거나 되고자 하는 그 모든 생각을 버리는 것이 무욕입니다.

탐욕은 자신의 것이 아닌 것을 자신의 것으로 만들기 위해 거짓을 행하고 이웃을 이용하고 사람들을 속이면서까지 모으고 쌓아서 자신을 필요 이상으로 드러내고자 하는 악하고 교만한 마음입니다.

그러나 무욕은 끊임없이 흐르는 물처럼 그 삶의 모양과 형태에 좌우되지 아니하고 그 어떤 생각이나 욕망에 사로잡히지 않고 욕망 안에 머무르지 않는 것입니다. 이것이 상선약수와 같은 무욕의 마음입니다.

무욕의 마음은 깊은 바다와 같습니다. 본래 큰물은 상류에 있지 않고 하류에 있으며 산 정상의 높은 곳에 있지 않고 가장 낮고 낮은 곳에 있습니다. 높은 산 위에도 물이 그 형태를 달리하여 눈도 있고 얼음이 있지만 아무 것도 그 안에서 살지 못합니다.

그러나 바다는 가장 낮은 곳에 있으면서 일부러 모으거나 쌓으려고 하지 않아도 모든 생물들을 살리는 원천이 됩니다. 작은 것은 금을 그어 편을 나누고 큰 것은 내려가면 내려 갈수록 그 깊이와 넓이를 더합니다.

무욕의 마음은 창공이나 바다와 같은 마음입니다. 그 무엇도

거부하지 않으면서도 그 모든 것들을 포용합니다. 스스로 모으려고 하지 않아도 모아져 큰 바다를 이루고 그 바닷가에는 많은 사람들과 모든 생물들이 더불어 살아갑니다.

무욕의 마음을 가지면 더 모으고 더 쌓으려고 하지 않아도 그 자체로 만족할 수 있습니다. 그 자체로 넉넉합니다. 그러나 이것은 나 스스로의 노력을 통해 되는 것은 아닙니다. 욕망은 인간의 노력으로 절제할 수는 있으나 온전히 버릴 수는 없기 때문입니다.

전능하시고 영원하신 창조주 하나님 안에 오늘의 내가 있고 내 사는 날 동안 주님이 내 인생의 일용할 양식을 책임지신다는 믿음이 있어야 탐욕에서 벗어나 이 무욕의 마음이 비로소 가능합니다.

무욕의 실천은 주님이 가르쳐 주신 기도 가운데 내게 죄지은 사람을 내가 용서해 준 것처럼 내 죄를 용서해달라는 기도가 무엇인지를 아는 사람이라야 실천할 수 있습니다.

내게 죄를 지은 사람은 도저히 갚을 수 없는 빚을 진 사람입니다. 그런데 내가 그 빚을 용서해 줄 수 있다는 것은 도저히 하나님의 은혜가 아니면 할 수 없는 일입니다. 하나님께서는 우리가 도저히 해결할 수 없는 죄의 빚을 탕감해 주시고 우리를 용서해 주시고 자녀삼아 주셨습니다.

우리 안에 하나님께서 품고 계신 이 사랑의 마음이 들어올 때 우리도 무욕의 삶을 살 수 있습니다. 이 무욕의 마음은 무지에서 비롯된 헛된 욕심과 탐욕과 분노를 버리게 하고 하나님을 향한 감사의 마음을 갖게 하고 자신의 필요 이상의 것을 이웃을 향해 베풀고 나누게 합니다.

열등감과 분노에서 비롯된 탐욕으로 자신 만을 위해 뺏고 모으고 쌓던 삭개오는 무욕의 마음을 가지신 예수님을 만난 다음 그가 살면서 추구해 왔던 탐욕에서 벗어나 삶의 방향을 무욕으로 바꾸었습니다.

삭개오는 자신의 인생을 있는 그대로 인정하고 받아 주신 주님께 감사하는 마음으로 그동안 악착같이 모은 재물을 이웃들에게 나누고 베푸는 삶을 살게 되었습니다.

실체적 존재로서의 육체적 한계 안에 있는 사람의 마음은 결코 그 한계를 스스로 벗어날 수 없습니다. 배고프면 먹어야 하고 잠이 오면 잠을 자야 합니다. 인간의 신체적 욕망은 마음을 억지로 다스린다고 해결되는 일이 아닙니다. 일용할 양식을 책임져 주시는 하나님이 주시는 은혜와 은총의 세계 속에 들어갈 때 그 영원한 생명의 빛 안에서 우리는 욕망의 한계를 벗어날 수 있습니다.

하나님의 은혜로 탐욕이 무욕으로 바뀔 때 필요 이상으로 더 가지고 싶고 필요 이상으로 더 높아지고 싶은 마음속에 있는 욕망을 벗어나 오히려 베풀고 나누면서도 영원 안에서 누리는 참된 만족이 있게 됩니다.

저는 이 무욕의 삶의 모습을 마당에 있는 감나무에서 보았습니다. 감나무는 봄이 되면 그 가지에 움이 돋아나고 싹을 내기 시작합니다. 그리고 초여름이 되면 제법 그 잎들이 커지기 시작하면서 꽃이 나오고 열매를 맺습니다.

한 여름이 되면 잎들이 무성해지고 한 나무에 수백 개의 많은 열매들이 맺어지기 시작합니다. 한여름의 뜨거운 태양 빛 아래에서 비와 바람을 견디면서 맺어진 열매들은 가을이 되면 제법 큰 모양으로 자리를 잡고 서리가 내리기 전에 감을 따게 됩니다. 그리고 늦가을이 되면 감나무는 그 무성하던 나뭇잎들이 다 떨어지고 앙상한 가지를 드러내며 겨울을 맞이합니다.

그 많은 열매들을 아낌없이 사람들에게 준 나무는 앙상한 가지를 가지고 그 추운 겨울을 보내고 또 다시 봄이 오면 그 가지에 싹을 내며 또 다른 한 해를 시작합니다.

감나무는 자신이 먹기 위해 열매를 맺지 아니합니다. 사람들은 누구나 자신이 씨를 뿌리면 자신이 수확을 해야 한다고 생각합니다. 그러나 감나무는 자신이 그렇게 애써 키운 열매를 자신이 먹지 않습니다.

사람들은 여름이 되면 더위를 이기려고 옷을 자꾸 벗습니다. 그런데 감나무는 자기가 먹을 것도 아닌 열매를 맺기 위해 그 밑에 들어가면 비를 피할 정도로 많은 나무 잎들로 그 몸을 감싸 갑니다.

그리고 사람들이 자신이 애써 맺은 열매들을 다 따면 그때부터 추운 겨울을 맞이하기 위해 그 몸에 붙어 있던 모든 잎들을 떨어지게 합니다. 그리고 사람들이 추위를 이기기 위해 자꾸 옷을 껴입을 때 나무는 완전히 벗은 몸으로 그 추운 겨울을 보냅니다.

무욕은 이런 것입니다. 자신의 필요가 아닌 다른 이들의 필요를 채워주기 위해 자신에게 필요한 최소한의 것 외에는 다 버리는 것입니다. 나누어 주는 것입니다. 또 사실 가지고 있어야 아무 도움도 되지 않습니다.

예수님께서는 제자들에게 복음을 전하도록 보내시면서 두 벌 옷이나 두 개의 신발을 가지지 말라고 하셨습니다. 우리는 동시에 두 벌 옷을 입을 수 없고 두 개의 신발을 동시에 신을 수 없습니다. 그럼에도 우리는 두벌 옷이 아닌 백 벌의 옷을 가지려 하고 백 개의 신발을 가지려고 합니다.

우리 주위에는 한 벌 옷도 없는 이웃들이 많이 있습니다. 그래서 주님은 우리에게 심판의 기준으로 목마른 자에게 물을 주었는지 배고픈 사람에게 밥을 주었는지를 제시하신 것입니다. 무욕은 하나님의 마음입니다.

예수님은 이 무욕을 금식을 통해 체득하셨습니다. 광야에서의 예수님의 40일 금식기도는 예수님을 식욕과 권세욕과 명예욕과 같은 온갖 탐욕으로 유혹하는 사탄과의 모든 싸움에서 이기는 원동력이 되었습니다.(마4장)

기진 것이 없으면 잃을 것도 없고 두려울 것이 없다는 가르침을 몸소 체득하게 하는 것이 금식입니다. 그러면 필요 이상의 것을 더 가지려 하지 않고 내어 줄 수 있습니다.

에스더는 민족이 위기에 처해 있을 때 3일의 금식기도를 통해 민족을 구하기 위해 자기 몸을 던졌습니다. "죽으면 죽으리라"(에3:15)는 에스더의 금식과 기도와 결단이 민족을 살렸습니다.

그래서 무욕의 마음을 갖기 원하는 사람이라면 정기적인 금식과 절식을 통해 이 마음을 갖게 되고 그 마음으로 나눔을 실천하게 됩니다.

(라) 무아(無我, 영생) : 하나님과 하나 됨

하나님 안에 있으면 주관적이고 객관적인 실체로서의 참 나인 무아가 됩니다. 무아는 내가 없다는 것이 아닙니다. 무아의 상태가 되면 과거로부터 주어진 나나 주관적이나 객관적인 유한한 관계 속에 만들어진 나는 없는데 영원하신 하나님의 참 생명과 참 진리 안에서 하나님과 하나가 된 내가 존재 합니다.

그러므로 하나님 안에 있는 나 곧 무아가 참 나입니다. 우리는 이 무아의 존재로서 영생합니다.

"내가 그리스도와 함께 십자가에 못 박혔나니 그런즉 이제는 내가 사는 것이 아니요 오직 내 안에 그리스도께서 사시는 것이라 이제 내가 육체 가운데 사는 것은 나를 사랑하사 나를 위하여 자기 자신을 버리신 하나님의 아들을 믿는 믿음 안에서 사는 것이라"(갈2:20)

예수님은 너희가 나를 따르려거든 자기를 부인하고 자기 십자가를 지고 나를 따르라고 하셨습니다. 이 자기가 누구입니까? 하나님 중심이 아닌 자신의 삶을 중심으로 생각하는 나입니다. 하나님이 원하시는 선이 무엇인지는 알지만 그 기준 없이 내 스스로 선과 악을 판단하고 내 스스로의 생각과 탐욕을 품은 마음으로 행동하는 나입니다.

무아는 스스로의 판단 기준을 세우고 자기 마음대로 판단하고 행동하는 나를 버리고 하나님 안에서 하나님의 마음으로 사는 내가 되는 것입니다.

그것이 자기 십자가를 지고 주님을 따르는 것입니다. 누구에게나 자기 십자가가 있습니다. 무아는 그 십자가를 부인하는 것이 아닙니다. 오히려 자신에게 있는 그 십자가를 지고 하나님을 떠나 내 중심으로 생각하고 내 중심으로 행동하는 자기를 부인하는 것이 무아로 사는 것입니다.

하나님 안에서 무아가 되면 고집멸도 합니다. 고집멸도란 무엇입니까? 인간에게 고통을 주는 생로병사에 집착하는 데에서 벗어나는 것입니다. 하나님이 주시는 참 생명을 얻어 영생을 누리는 구원의 경지에 이르는 것입니다.

하나님 없이 사는 인생들에게는 육체를 가지고 사는 동안 인생 전체가 괴로움입니다. 그 첫 번째 괴로움은 태어남에서 비롯됩니다. 세상을 살면서 맺은 모든 인연도 내 존재가 육체를 가지고 태어나면서 그 모양을 드러냅니다.

우리는 태어나면서부터 주변의 모든 사람이나 사물들과 오감에 의해 만나고 관계를 맺게 됩니다. 보고 듣고 냄새를 맡고 맛을 보며 접촉을 통해 다른 대상에 대해 느끼고 알게 됩니다.

사물을 보고 듣고 맛을 보고 만지고 느끼면서 그것을 받아들이거나 배척을 하고 그 대상에 대한 생각을 하며 판단하고 행동하고 경험과 지식을 쌓아갑니다.

육체를 가지고 태어난 인간은 성장하고 성숙해 가기도 하지만 시간의 흐름에 따라 육체적 성장이 어느 장점에 다다르면 육체와 정신이 쇠하여 갑니다. 이것이 태어남 다음에 찾아오는 늙음의 고통입니다. 인간의 육체는 언제까지 성장할 수 없고 인간의 정신 작용도 언제까지 성숙한 상태에 머무를 수 없습니다. 그래서 인간들에게는 늙음이라는 고통이 있습니다.

나이가 들고 늙어가면서 인간에게는 병이 찾아옵니다. 병은 내 안에서 지탱해가야 할 에너지가 부족하다는 것이고 신체의 조화가 깨진 것입니다. 병이 든다는 것은 이제 내 정신과 육체가 더 이상 이 세상에 존재하지 않을 시간이 다가오고 있다는 것을 알게 합니다. 그래서 병은 괴로움입니다.

육체를 가진 존재로 태어나 늙고 병들면 반드시 그 육체는 사멸하게 되어 있습니다. 그 육체 안에서 활동하던 정신도 마음도 육체가 소멸되면 그 기능을 상실하게 되고 육체의 사멸과 함께 우리의 육체는 땅과 하나가 되어 또 다른 육체로 그 모양과 형태를 달리하게 됩니다.

이것을 과학자들은 모든 물질의 총량은 변함이 없다는 질량 불변의 법칙이나 모든 물질의 총량은 변함이 없으나 그 에너지는 시간에 따라 소멸되어 간다는 열역학 제2법칙으로 설명합니다. 그래서 과학자들의 견해도 이 모든 자연 만물은 언젠가 사멸되어 없어질 것이라는 것입니다.

다시 말하자면 물질의 총량은 언제나 같으나 그 에너지의 양이 줄어들면서 결국을 모든 자연 만물이 사멸하게 된다는 것입니다. 이 생로병사의 괴로움이 육체를 가진 모든 인간들에게 있습니다.

그러기에 마음의 생각이 어느 한 순간이나 어느 상태에 집착하면 안 되는 것입니다. 오감을 통해 마음 안에는 오욕칠정이 일어나는데 그 어떤 지식이나 감정에 사로잡히거나 머물게 되면 인간은 한없는 고해의 바다에서 빠져나올 수가 없습니다.

그래서 육신의 삶에 집착하지 않아야 되고 억지로 그 안에 머무르려고 애쓰지 말아야 합니다. 그렇게 하면 마음에 평안을 얻을 수 있습니다. 그러나 이 마음은 인간 스스로의 고행이나 수행을 통해서 얻을 수 있는 것은 아닙니다.

그 마음의 평안은 성령께서 피조물로서의 내 인생의 한계를 깨닫게 하시고 그로써 내가 주님의 생명으로 살기 위해 하나님의 은총을 간구할 때 하나님이 우리 마음속에 부어주시는 은혜입니다.

> "주 안에서 항상 기뻐하라 내가 다시 말하노니 기뻐하라 너희 관용을 모든 사람에게 알게 하라 주께서 가까우시니라 아무 것도 염려하지 말고 다만 모든 일에 기도와 간구로, 너희 구할 것을 감사함으로 하나님께 아뢰라 그리하면 모든 지각에 뛰어난 하나님의 평강이 그리스도 예수 안에서 너희 마음과 생각을 지키시리라"(빌4:4-7)

하나님이 함께 하시는 무아의 마음으로 세상을 보면 하나님과 나는 하나가 되고 생과 사가 하나입니다. 삶과 죽음이 그

경계에서 더 이상 나누어지지 않으며 생로병사가 더 이상 고통이 아닙니다.

무아의 관점에서 보면 태어남은 하나님의 축복으로 시작한 것이며 늙음의 성장과 과정은 늘 새로운 변화를 체험하게 하는 축복입니다. 병이 들고 아픈 것은 고통이지만 또 다른 면에서는 그 연약함을 통해 영원히 살아 계신 하나님을 깊이 의지하게 함으로 이 또한 축복입니다. 죽음은 우리의 영혼과 육체가 나누어지는 것입니다.

그러므로 죽음을 통해 우리들은 더 이상 낡은 육체 안에서 그 영혼이 고통을 당하지 않게 되는 새로운 축복의 문을 열게 됩니다. 우리는 육체의 죽음을 통해 영원히 새로운 세계로 들어갑니다.

무아는 하나님이 창조하신 세계 안에서 눈에 보이지 않는 세계와 눈에 보이는 세계를 나누지 않고 통합된 세계로 보게 합니다. 이것이 둘을 하나로 나누어 생각하지 않는 불이요 바른 깨달음의 세계인 정각입니다.

다르지 않기 때문에 불이(不二)요 나누어지지 않기 때문에 불이입니다. 이것을 마음으로 바로 깨닫는 것이 정각입니다. 그 정각에 이르는 것이 하나님이 창조하신 세계 안에서 영생을 이루는 무아입니다.

하나님의 세계는 유에 속한 공과 색의 세계를 넘어서서 이 유한한 세계를 그 품안에 품고 있습니다. 공과 색의 세계에 속한 이 모든 것들은 하나님께서 창조하신 우주 만물과 이 세계 안에서 끊임없이 윤회의 형식으로 존재하면서 있는 것들입니다. 그러므로 우리는 이 유한한 세계를 넘어서게 하시는 하나님과 함께 되는 무아를 성령 안에서 이루어야 합니다.

하나님이 없는 세상에서는 불이 법을 마음으로 깨닫고 눈에 보이는 세상과 눈에 보이지 않는 세상을 통합된 세계로 본다 하더라도, 공과 색을 나누지 않고 통합된 관점에서 바라보고 이해해도 영원한 구원을 이루지는 못합니다.

성경에서 말씀하는 인간에게 영생을 주시는 하나님의 구원은 분명합니다. 그 영생은 영원히 살아 계신 하나님과의 하나 됨에서 이루어집니다.

이 신비를 예수님께서는 내가 아버지 안에 있고 아버지께서 내 안에 있는 것처럼 너희도 내 안에 있으라는 말씀으로 가르쳐 주셨습니다. 예수 그리스도 안에서 얻는 새로운 삶이 영생입니다. 그리고 영생하는 인간의 완성된 삶은 예수 그리스도의 재림과 함께 이루어집니다.

피조물인 인간은 아무리 심오한 깨달음과 지식을 얻는다 해도 인간 스스로 영생하는 구원을 이룰 수 없습니다. 인간은 하나님이 주시는 영원한 생명을 얻을 때 영생을 얻고 누리게 됩니다.

철학을 통해 사람들이 궁극적으로 추구하는 구원 곧 마음의 구원뿐만이 아니라 육체의 구원도 하나님이신 성령께서 우리 안에 자리 잡고 함께 계실 때 이루어집니다. 무아는 내 자아가 아닌 성령님에 의해 사는 것입니다.

"만일 너희 속에 하나님의 영이 거하시면 너희가 육신에 있지 아니하고 영에 있나니 누구든지 그리스도의 영이 없으면 그리스도의 사람이 아니라 또 그리스도께서 너희 안에 계시면 몸은 죄로 말미암아 죽은 것이나 영은 의로 말미암아 살아 있는 것이니라 예수를 죽은 자

가운데서 살리신 이의 영이 너희 안에 거하시면 그리스도 예수를 죽은 자 가운데서 살리신 이가 너희 안에 거하시는 그의 영으로 말미암아 너희 죽을 몸도 살리시리라"(롬8:9-11)

이 무아의 마음은 하나님을 향한 진정한 예배에서 실현됩니다. 내 모든 것을 내려놓는 예배는 주님의 영광을 드러냅니다. 하나님의 보좌 주변에 있던 24장로들은 이렇게 하나님께 예배하였습니다.

"이십사 장로들이 보좌에 앉으신 이 앞에 엎드려 세세토록 살아 계시는 이에게 경배하고 자기의 관을 보좌 앞에 드리며 이르되 우리 주 하나님이여 영광과 존귀와 권능을 받으시는 것이 합당하오니 주께서 만물을 지으신지라 만물이 주의 뜻대로 있었고 또 지으심을 받았나이다 하더라"(계4:10-11)

하나님께 드리는 바른 예배는 내 중심으로 살던 내가 사라지고 하나님의 영광만이 드러납니다. 그 예배 안에서 하나님과 나는 하나가 되고 영생에 이르게 됩니다. 예수님은 그 신비를 이렇게 말씀하셨습니다.

"아버지께 참되게 예배하는 자들은 영과 진리로 예배할 때가 오나니 곧 이 때라 아버지께서는 자기에게 이렇게 예배하는 자들을 찾으시느니라 하나님은 영이시니 예배하는 자가 영과 진리로 예배할지니라"(요4:23-24)

바른 예배를 통해 하나님과 하나됨을 체험하고 영생의 길로 나아가시기 바랍니다.

찬양과 경배로 하나님께 드리는 예배 안에서 무아의 경지에 이르게 되시기를 바랍니다.

(3) 믿음과 구원

주님의 재림과 함께 이루어지는 영광의 나라에 이르기 전까지 우리는 육체를 가지고 살아야 합니다. 이 육체적 구원을 생활 속에 이루어지는 구원이라고 하는데 성경은 이 구원을 이루기 위해 필요한 것을 믿음이라고 합니다.

"내가 복음을 부끄러워하지 아니하노니 이 복음은 모든 믿는 자에게 구원을 주시는 하나님의 능력이 됨이라 먼저는 유대인에게요 그리고 헬라인에게로다 복음에는 하나님의 의가 나타나서 믿음으로 믿음에 이르게 하나니 기록된 바 오직 의인은 믿음으로 말미암아 살리라

함과 같으니라"(롬1:16-17)

성경에서 말씀하는 믿음에는 두 가지가 있습니다. 하나는 우리의 영혼을 구원하는 믿음입니다. 예수님이 십자가에서 이루신 속죄의 사건 속에서 내 인생의 모든 죄가 용서 받았음을 마음으로 믿고 입으로 시인하는 믿음입니다. 이 믿음을 구원의 믿음이라고 합니다.

"그 안에서 너희도 진리의 말씀 곧 너희의 구원의 복음을 듣고 그 안에서 또한 믿어 약속의 성령으로 인치심을 받았으니 이는 우리 기업의 보증이 되사 그 얻으신 것을 속량하시고 그의 영광을 찬송하게 하려 하심이라"(엡1:13-14)

"너희는 그 은혜에 의하여 믿음으로 말미암아 구원을 받았으니 이것은 너희에게서 난 것이 아니요 하나님의 선물이라 행위에서 난 것이 아니니 이는 누구든지 자랑하지 못하게 함이라"(엡2:8-9)

우리 영혼의 구원은 우리의 행위나 노력으로 되는 것이 아닙니다. 오직 하나님이 주신 은혜의 선물입니다. 그래서 이 사실을 알고 믿고 고백하는 것이 중요합니다.

또 한 가지 믿음이 무엇입니까? 생활의 믿음입니다. 우리는 구원의 믿음이 생활 속에 역사하는 믿음을 가져야 하는데 이 믿음은 예수님의 이름 안에 있는 하나님의 약속을 믿고 그분이 그리스도이심을 고백하며 간구하고 선포하는 믿음입니다.

더러운 귀신을 쫓아내고 병든 자를 고치며 생활 속에 있는 모든 문제를 해결해 주시는 주님을 구세주로 믿고 고백하며 예수님이 주님 되심을 선포하는 믿는 믿음입니다.

이 믿음의 고백과 간구는 반드시 생활 속에 구원의 역사를 일으킵니다. 하나님의 축복은 바로 이 믿음을 통하여 이루어지고 생활의 실상으로 나타납니다.

"믿음은 바라는 것들의 실상이요 보이지 않는 것들의 증거니 선진들이 이로써 증거를 얻었느니라"(히11:1-2)

"믿고 세례를 받는 사람은 구원을 얻을 것이요 믿지 않는 사람은 정죄를 받으리라 믿는 자들에게는 이런 표적이 따르리니 곧 그들이 내 이름으로 귀신을 쫓아내며 새 방언을 말하며 뱀을 집어올리며 무슨 독을 마실지라도 해를 받지 아니하며 병든 사람에게 손을 얹은즉 나으리라 하시더라 주 예수께서 말씀을 마치신 후에 하늘로 올려지사

하나님 우편에 앉으시니라 제자들이 나가 두루 전파할새 주께서 함께 역사하사 그 따르는 표적으로 말씀을 확실히 증언하시니라"(마 16:16-20)

하나님께서는 우리의 삶이 가정과 사회와 국가 안에서 또 온 세상에서 축복과 행복이 넘치는 삶이되기를 원하시고 그 삶이 영생으로 이어지기를 원하십니다. 헛된 철학이나 과학을 빙자한 어리석은 가르침에 넘어가지 말고 하나님께서 예수 그리스도 안에서 이루시고 또 이루실 축복과 행복과 영생의 주인공들이 다 되시기 바랍니다.

그래서 우리는 먼저 사람과 사람 사이에 평안이 있기를 원해야 하고 우리들의 가정과 이 사회 전체가 안전하고 행복한 사회가 되고 우리들이 사는 나라가 행복한 나라가 되기를 원하고 기도해야 합니다.

그렇게 만드는 가장 기본 원리가 십계명입니다.(출20:1-17) 십계명은 우리에게 사람이 사람답게 사는 가장 근본적이고 기본적인 원리를 가르쳐 줍니다. 아가페의 사랑으로 하나님을 사랑하는 법을 가르쳐줍니다.(1-3계명)

또 4계명은 모든 사람이 사회적인 신분이나 소속에 관계없이 평등한 삶을 누릴 권리가 있음을 가르쳐 주며 5계명부터 10계명은 가정의 근본이 에로스의 사랑으로 부모 섬기는 것이요 사회에서는 이웃과의 바른 관계를 맺어야 함을 가르쳐 줍니다.

아가페의 사랑이 하나님의 사랑이라면 에로스의 사랑은 사람을 사람답게 대하고 사람답게 사랑하는 인간 사랑의 기본 원리입니다. 많은 분들이 율법과 복음의 관계를 잘못 이해하는 것은 이 십계명의 기본 원리가 하나님 사랑(신8:4), 이웃 사랑(레19:18)이라는 사실을 모르기 때문입니다.

또한 안식일의 기본 원리를 오해하고 있기 때문입니다. 안식일은 모든 사람들이 신분과 처지에 상관없이 하나님의 창조 질서에 따라 쉬도록 한 날입니다. 그리고 주일은 하나님께 예배를 드리는 날입니다. 그러므로 모든 일들이 시작하는 주일인 일요일에는 하나님께 예배드리고 제 7일인 안식일에는 모두가 주님 안에서 안식하면 됩니다. 안식일과 주일 문제로 다투어야 할 이유가 없습니다.

율법은 기본적으로 이스라엘 민족 공동체를 유지하기 위한

법입니다. 그들은 율법에 있는 제사법과 정결법과 민법과 형법 등에 의해 민족이 출애굽한 민족이 나라를 이루는 근간으로 삼았습니다.

그러나 지금은 그 모든 율법들이 변화(히7:12)와 개혁(히9:10)에 따라 예수님에 의해 완성되었습니다.(마5:17)

"제사 직분이 바꾸어졌은즉 율법도 반드시 바꾸어지리니"(히7:12)

"그리스도께서는 장래 좋은 일의 대제사장으로 오사 손으로 짓지 아니한 것 곧 이 창조에 속하지 아니한 더 크고 온전한 장막으로 말미암아 염소와 송아지의 피로 하지 아니하고 오직 자기의 피로 영원한 속죄를 이루사 단번에 성소에 들어가셨느니라"(히9:11-12)

"내가 율법이나 선지자를 폐하러 온 줄로 생각하지 말라 폐하러 온 것이 아니요 완전하게 하려 함이라 진실로 너희에게 이르노니 천지가 없어지기 전에는 율법의 일점일획도 결코 없어지지 아니하고 다 이루리라"(마5:17-18)

그러므로 율법과 복음의 관계를 바로 알고 지킬 것은 지키고 버릴 것은 버려서 주님이 다시 오시는 날까지 우리 안에 하나님의 축복과 행복이 이루어지도록 할 일입니다.

우리들의 육체에는 우리들의 영혼이 있고 우리들 안에는 하나님의 성령께서 거하십니다.

"너희는 너희가 하나님의 성전인 것과 하나님의 성령이 너희 안에 계시는 것을 알지 못하느냐"(고전3:16)

"하나님의 성전과 우상이 어찌 일치가 되리요 우리는 살아 계신 하나님의 성전이라 이와 같이 하나님께서 이르시되 내가 그들 가운데 거하며 두루 행하여 나는 그들의 하나님이 되고 그들은 나의 백성이 되리라"(고후6:16)

그러므로 육체를 소중히 알고 건강을 잘 지켜야 합니다. 아무리 뛰어난 재능을 가지고 지혜를 가진 사람이라고 해도 그 육체가 약해서 일찍 그 수명을 다하면 아무리 더 하고 싶어도 할 수 없습니다.

동의보감에서는 사람의 수명이 선천수가 60이요 후천수가 60이어서 합하여 120세라고 하는데 모세는 나이가 120살이 되어도 그 기력이 쇠하지 않고 그 눈이 흐리지 않았습니다. (신34:7)

그래서 그는 이스라엘 백성들을 출애굽 시키는 하나님의 사역을 감당할 수 있었습니다.

하나님이 주시는 참된 축복과 행복은 우리의 영혼과 육체가 모두 다 온전한 것에 있습니다. 우리는 하나님의 자녀들이고 하나님의 백성들입니다. 그러므로 성경을 바로 알고 구원의 진리를 바로 깨달아서 하나님 나라에 이르기까지 하나님의 구원을 누리며 축복과 행복과 영생의 주인공들이 되시기 바랍니다.

3) 재림 예수와 구원(영화)

사람에게는 누구에게나 육체의 죽음이라는 한계가 있습니다. 그래서 어떤 이들은 육체의 욕망을 극도로 제한하는 금욕생활을 통해 영혼의 자유를 얻어 이 죽음의 문제를 넘어서서 영생의 길로 가고자 했습니다. 그러나 그 누구도 절제를 넘어서는 금욕으로 영혼의 참 자유를 얻거나 영생을 얻은 이는 없습니다.

어떤 이들은 죽음의 공포와 마음의 고통을 잊어버리려고 극단적인 쾌락을 추구하기도 합니다. 그래서 술이나 마약이나 심지어는 동성애와 같은 극단적인 쾌락을 추구합니다. 그러나 그 누구도 극단적인 쾌락을 통해 영생을 얻은 자가 없습니다.

금욕과 고행도 인간을 구원하지 못하고 극도의 쾌락도 인간을 구원하지 못합니다. 그래서 어떤 이들은 이 삶과 죽음의 경계선에서 고단한 삶을 마감하기 위해 스스로 목숨을 끊는 자살을 선택하기도 합니다.

그러나 죽는다고 모든 것이 끝나는 것은 아닙니다. 기독교인에게 있어서 삶과 죽음은 고통이 아닙니다. 사는 것과 죽는 것모두 하나님의 은총가운데 주어지는 하나님의 축복이며 오히려기독교인에게 예수 그리스도 안에서 이루어지는 죽음은 삶의고단함과 수고를 멈추게 하는 축복의 관문입니다.

> "또 내가 들으니 하늘에서 음성이 나서 이르되 기록하라 지금 이후로 주 안에서 죽는 자들은 복이 있도다 하시매 성령이 이르시되 그러하다 그들이 수고를 그치고 쉬리니 이는 그들의 행한 일이 따름이라 하시더라"(계14:13)

우리는 죽음이 우리의 영혼과 육체를 갈라놓기 전까지는 육체를 가지고 이 땅에서 살아야 합니다. 그래서 살아 있는 날 동안 우리의 육체가 하나님의 은혜가운데 잘 보존되도록 해야 합니다.

> "평강의 하나님이 친히 너희를 온전히 거룩하게 하시고 또 너희의 온 영과 혼과 몸이 우리 주 예수 그리스도께서 강림하실 때에 흠 없게 보전되기를 원하노라"(살전5:23)

인간은 영혼과 육이 있는 존재이십니다. 그러므로 우리들이 추구하는 영생은 영혼만의 영생이 아닌 육체가 영적인 몸으로 변화하여 누리게 되는 영혼육의 온전한 구원이요 영생입니다.

초림하신 예수님 안에서 죄 사함 받고 영과 혼이 구원받은 인간은 예수님의 재림과 함께 그 육체까지 구원을 받습니다. 이 때 이루어지는 사건을 우리는 휴거의 사건이라고 합니다.

> "형제들아 자는 자들에 관하여는 너희가 알지 못함을 우리가 원하지 아니하노니 이는 소망 없는 다른 이와 같이 슬퍼하지 않게 하려 함이라 우리가 예수께서 죽으셨다가 다시 살아나심을 믿을진대 이와 같이 예수 안에서 자는 자들도 하나님이 그와 함께 데리고 오시리라 우리가 주의 말씀으로 너희에게 이것을 말하노니 주께서 강림하실 때까지 우리 살아남아 있는 자도 자는 자보다 결코 앞서지 못하리라

주께서 호령과 천사장의 소리와 하나님의 나팔 소리로 친히 하늘로부
터 강림하시리니 그리스도 안에서 죽은 자들이 먼저 일어나고 후에
우리 살아남은 자들도 그들과 함께 구름 속으로 끌어 올려 공중에서
주를 영접하게 하시리니 그리하여 우리가 항상 주와 함께 있으리라"
(살전4:13-18)

이 휴거의 사건은 하나님의 신비에 속한 일이며 그 때와 시
간은 아무도 모릅니다.(마24:36) 주님이 재림하시는 바로 그때
우리는 주님이 부활하실 때 변화되신 몸과 같은 신령한 몸으로
변화될 것이며 하나님께서 약속하신 영광의 나라에 참여하게
될 것입니다.

이 휴거 이후에 모든 악과 마귀는 심판을 받고 불 못에 던져
지게 되고 구원받은 하나님의 백성들은 죽음이나 고통이나 슬
픔이나 절망이나 저주나 어둠이 없는 빛과 생명으로 가득한 새
하늘과 새 땅에서 육의 몸이 아닌 영의 몸으로 변화된 몸으로
영생복락을 누리게 됩니다.

"또 내가 새 하늘과 새 땅을 보니 처음 하늘과 처음 땅이 없어졌
고 바다도 다시 있지 않더라 또 내가 보매 거룩한 성 새 예루살렘이
하나님께로부터 하늘에서 내려오니 그 준비한 것이 신부가 남편을 위

하여 단장한 것 같더라 내가 들으니 보좌에서 큰 음성이 나서 이르되 보라 하나님의 장막이 사람들과 함께 있으매 하나님이 그들과 함께 계시리니 그들은 하나님의 백성이 되고 하나님은 친히 그들과 함께 계셔서 모든 눈물을 그 눈에서 닦아 주시니 다시는 사망이 없고 애통하는 것이나 곡하는 것이나 아픈 것이 다시 있지 아니하리니 처음 것들이 다 지나갔음이러라"(계21:1-4)

지금 우리는 예수 그리스도 안에서 죄 사함 받고 하나님의 자녀가 되었습니다. 이 모든 삶은 주님의 재림과 함께 이루어질 영원한 천국에서 완성될 것입니다. 늘 기쁨과 감사 가운데 영원한 천국에 이르는 날까지 승리하시기 바랍니다.

사랑하는 여러분!

삶은 완성이 아니라 과정입니다. 지금 있는 그대로의 여러분의 인생을 사랑하십시오. 지금의 나는 미래로부터 다가오는 시간과 과거로부터 흘러오는 시간이 교차하는 바로 그 한 복판에 있습니다. 그리고 지금 이 시간은 영원히 살아계시며 현존하시는 하나님의 영원한 시간과 함께 있습니다. 지금 내 인생은 그 세 가지 시간의 교차점에 있습니다.

그러므로 지금까지 살아온 내 인생의 모든 것들에 대해 오늘의 내가 감사하고 만족하고 행복하게 사는 것이 영생으로 가는 길입니다.

사람들은 생로병사가 고난이라고 생각하지만 예수 그리스도 안에서 보면 생로병사의 모든 것이 하나님의 은총입니다. 짐승이 아닌 하나님의 형상과 모양을 가진 사람으로 태어남이 축복입니다. 나이가 들어가면서 연약해지면서 우리는 다양한 변화를 경험하게 됩니다. 이것이 축복입니다.

병이 들면서 우리는 오로지 하나님만을 의지하는 법을 알게 됩니다. 그리고 죽음이 찾아오면서 우리는 고통과 저주와 죽음이 없는 영원한 삶이 있는 천국으로 들어가게 됩니다. 삶이 축복이요 죽음이 하나님의 은총입니다.

우리는 다른 사람들과 함께 삽니다. 그들의 평가가 오늘의 내 모습입니다. 그러므로 명예를 소중히 여겨야 합니다. 사람들과의 관계를 소중하게 가꾸며 사십시오. 주변에 있는 모든 사물에 감사하십시오.

필요를 채워주시는 하나님께 일용할 양식이 있는 것에 감사하십시오.

더 있으면 베풀며 사십시오. 없으면 절제하며 사십시오.

그 무엇보다 하나님께 아름답게 찬양하며 예배를 드리며 사십시오.

하나님의 은총 안에 사는 삶에 무한히 감사하십시오.
영과 혼과 육의 온전한 구원을 누리는 삶을 사십시오.
주님의 은혜와 평강이 넘치시기를 바랍니다.

다시 보면 새로운 세상

초 판 인 쇄　2019년 1월 02일
초 판 발 행　2019년 1월 10일

저　　　자　손법상
발 행 인　윤석현
발 행 처　도서출판 박문사
책 임 편 집　안지윤
등 록 번 호　제2009-11호

주　　　소　서울시 도봉구 우이천로 353 성주빌딩 3층
전　　　화　02) 992-3253
전　　　송　02) 991-1285
홈 페 이 지　http://jnc.jncbms.co.kr
전 자 우 편　bakmunsa@hanmail.net

ⓒ 손법상 2019 Printed in KOREA.

ISBN　979-11-89292-23-2　　13230　　　　　　　　　　정가 12,000원